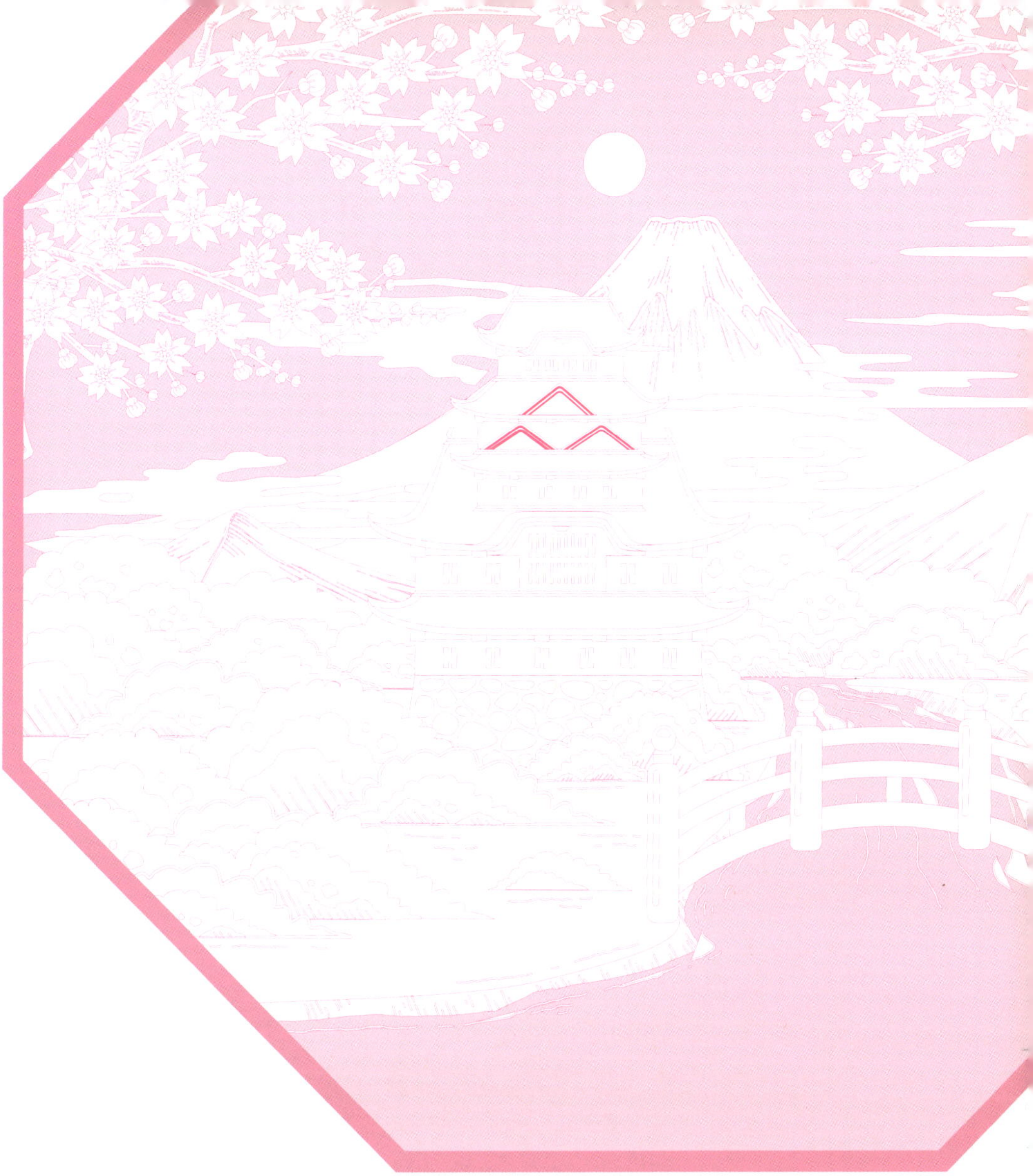

회화와 문형을 한번에!

초급 일본어 회화 1

하치노 토모카 지음

제이앤씨
Publishing Company

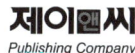

머리말

『초급일본어회화 1』은 일본어 회화를 기초부터 응용까지 체계적으로 배우고 싶은 한국인 일본어 학습자를 위해 만든 학습서입니다.

일상 생활의 모든 상황에서 자주 사용되는 대화문과 JLPT N5수준의 문형을 동시에 습득할 수 있게 구성을 했습니다. 대화문을 반복적으로 듣고 따라하면서 문형을 익히세요. 꼭 알아야할 문법 및 문형을 〈문형 학습하기〉에 정리했습니다. 〈문형 학습하기〉에 나오는 예문은 외우세요. 학생들을 가르치다 보면 '일본어를 몇 년째 공부하고 있는데 일본인이 말하는 말을 알아듣지 못하고 말할 수도 없는데 어떻게 하면 될까요?'라는 질문을 받을 때가 있습니다. 일본어는 여러분이 아는 만큼 들립니다. 또한 아는 만큼 말할 수 있습니다. 일본어를 듣고 말하기 위해서는 여러분의 머리 속에 일본어 문장이 100개 있어야 된다고 생각하세요. 그리고 일본어에 많이 노출을 시켜야 합니다. 일본어를 듣고 말하는 기회를 하루에도 여러 번 가지세요.

『초급일본어회화 1』은 『초급일본어회화 2』의 기초가 됩니다. 초급에서 중급에 올라가기가 힘든 이유의 하나가 한국어와 다른 일본어 표현이 나오기 때문입니다. 그 때 기초가 없으면 쉽게 포기하게 됩니다. 기초부터 제대로 공부하세요.

이 책을 통해 일본어 공부를 향한 첫걸음을 내디뎌 보세요!
みなさん、がんばってください。

2022年1月
한국외대 이문동 캠퍼스에서

八野　友香

본 교재의 특징

◆ 꼭 알아야할 기초 일본어의 모든 것을 수록.

◆ 이론적인 내용을 바탕으로 실제로 말할 수 있게 연습하는 회화 수업 교재.

◆ 일상 생활에서 자주 쓰는 표현과 JLPT N5, N4 문형을 회화문에서 익힐 수 있게 구성.

◆ 대학교 수업에 맞춘 강의 주차별 구성.

목차

제1과	딱 이것만 알자! **こんにちは** 안녕하세요	007
제2과	**はじめまして** 처음 뵙겠습니다	041
제3과	**おいくらですか** 얼마에요?	065
제4과	**おいしいです** 맛있습니다	097
제5과	**とても にぎやかな ところですね** 대단히 번화한 곳이네요	119
제6과	**とても たのしかったです** 대단히 즐거웠습니다	143
제7과	복습 1 **おさらいしよう(1)**	165
제8과	일본어 입력하는 방법	187
제9과	**かんこくに います** 한국에 있습니다	191
제10과	**私の一日** 나의 하루	213
제11과	**予約しました** 예약했습니다	237
제12과	**帰りましょう** (집에)돌아갑시다	261
제13과	**手伝ってください** 도와주세요	285
제14과	복습 2 **おさらいしよう(2)**	309

이 책의 품사 표기 방식

〔い〕 い형용사 〔な〕 な형용사 〔1〕 1그룹 동사 〔2〕 2그룹 동사 〔3〕 3그룹 동사

제1과

こんにちは
안녕하세요

>>>> 들어가기

학습목표 ひらがな를 읽어 봅시다.

>>>> 딱 이것만 알자!

1. 문자와 발음

■ 문자

Point 1 일본어 문자는 히라가나(**ひらがな**), 가타카나(**カタカナ**), 한자(**漢字**)의 세 종류가 있으며, 혼용해서 쓴다.

> 예 **パスポート**を**見**せてください。
>   カタカナ   한자 ひらがな

Point 2 보통 일본어는 히라가나로 쓰고, 가타카나는 주로 외래어, 의성어 등을 표기할 때 사용한다.

Point 3 일본어는 띄어쓰기를 하지 않는다. 세 가지 문자를 씀으로써 단어의 식별이 용이해지고, 시각적으로 빠르게 의미전달을 해 주기 때문이다.

`Point 4` 한자를 읽는 방법은 뜻으로 읽는 훈독(訓読み)과 음으로 읽는 음독(音読み) 두 가지 방법이 있다. 하지만 읽는 방법이 굉장히 다양한 한자도 많기 때문에 주의해야 한다.

> **예** **大(おお)きい** ··· 훈독(訓読み)
> **大(たい)** ··· 음독(音読み)

발음

`Point 1` 일본어의 문자는 한 음절을 나타내며, 한 박자로 발음한다.

`Point 2` 일본어 발음에는 청음(清音), 탁음(濁音), 반탁음(半濁音), 요음(拗音) 그리고 특수음인 장음(長音), 촉음(促音), 발음(撥音)이 있다.

`Point 3` 일본어의 모음(母音)은 あ, い, う, え, お 반모음은 이다.
* 일본어 문자는 "자음＋모음"으로 이루어진다. (촉음, 발음 외)

오십음도

* 오십음도(五十音図)는 ひらがな(히라가나), カタカナ(가타카나를) 세로로 모음(母音) 5단, 가로로 자음(子音) 10행으로 배열한 도표.

ひらがな
히라가나

	あ행	か행	さ행	た행	な행	は행	ま행	や행	ら행	わ행	
あ단	あ a	か ka	さ sa	た ta	な na	は ha	ま ma	や ya	ら ra	わ wa	
い단	い i	き ki	し si	ち chi	に ni	ひ hi	み mi		り ri		
う단	う u	く ku	す su	つ tsu	ぬ nu	ふ hu	む mu	ゆ yu	る ru		
え단	え e	け ke	せ se	て te	ね ne	へ he	め me		れ re		
お단	お o	こ ko	そ so	と to	の no	ほ ho	も mo	よ yo	ろ ro	を wo	ん N

히라가나 단어 연습

あ い う え お

동영상 QR code

あ い う え お

단어 따라 쓰기

| あい | あお |
| 사랑 | 파란색 |

| いえ | いう |
| 집 | 말하다 |

| うえ | うま |
| 위 | 말 |

| え | えき |
| 그림 | 역 |

| おや | おおい |
| 부모 | 많다 |

かきくけこ

동영상 QR code

| か | き | く | け | こ |

단어 따라 쓰기

| か | き |
감

| か | お |
얼굴

| き | た |
북쪽

| き | り | ん |
기린

| く | つ |
신발

| く | る | ま |
자동차

| け | し | き |
경치

| け | ん | か |
싸움

| こ | え |
목소리

| こ | い |
잉어

제1과 こんにちは

さしすせそ

さ し す せ そ

동영상 QR code

단어 따라 쓰기

さかな
물고기

かさ
우산

しお
소금

しかく
네모

すし
초밥

すいか
수박

せき
좌석

せんせい
선생님

そら
하늘

そと
밖

た ち つ て と

| た | ち | つ | て | と |

동영상 QR code

단어 따라 쓰기

| た | な |

선반

| た | い | よ | う |

태양

| ち | か | い |

가깝다

| ち | か | て | つ |

지하철

| つ | き |

달

| つ | め |

손톱

| て |

손

| て | が | み |

편지

| と | け | い |

시계

| と | も | だ | ち |

친구

なにぬねの

なにぬねの

동영상 QR code

단어 따라 쓰기

なつ
여름

ない
없다

にもつ
짐

に
숫자 2

いぬ
개

ぬりえ
그림책

ねこ
고양이

あね
언니, 누나

のり
김

きのう
어제

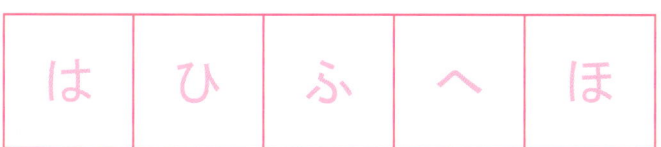

は ひ ふ へ ほ

동영상 QR code

は	ひ	ふ	へ	ほ

단어 따라 쓰기

は	な

꽃, 코

は	し

젓가락, 다리

ひ	と	り

혼자

ひ	と

사람

ふ	ね

배

さ	い	ふ

지갑

へ	び

뱀

へ	ん	じ

답변

ほ	ん

책

ほ	し

별

まみむめも

ま　み　む　め　も

동영상 QR code

단어 따라 쓰기

まち
거리

まつり
축제

みんな
모두

みち
길

むね
가슴

むかし
옛날

め
눈

めがね
안경

もも
복숭아

もち
떡

やゆよ

동영상 QR code

단어 따라 쓰기

や	ま

산

や	さ	い

야채

ゆ	び

손가락

ゆ	め

꿈

よ	る

밤

よ	む

읽다

らりるれろ

동영상 QR code

| ら | り | る | れ | ろ |

단어 따라 쓰기

| ら | い | げ | つ |

다음 달

| ら | い | ね | ん |

내년

| り | ん | ご |

사과

| りょ | う | り |

요리

| よ | る |

밤

| は | る |

봄

| れ | き | し |

역사

| れ | い | ぞ | う | こ |

냉장고

| く | ろ |

검정

| ろ | う | か |

복도

わ を ん

동영상 QR code

단어 따라 쓰기

か	わ

강

に	わ

정원

で	ん	わ

전화

に	ほ	ん	ご

일본어

2. 탁한 음 : 탁음(濁音)

동영상 QR code

Point 1 글자의 오른쪽 위에 점 두 개(")를 붙인 글자로, 이 점이 붙으면 발음이 달라진다.

Point 2 모든 글자에 점 두 개(")를 붙일 수 없고, か행, さ행, た행, は행만이 탁음이 될 수 있다.

Point 3 'じ'와 'ぢ', 'ず'와 'づ'는 똑같이 발음을 한다.

あ a	が ga	ざ za	だ da	な na	ば ba	ま ma	や ya	ら ra	わ wa	
い i	ぎ gi	じ zi	ぢ zi		び bi					
う u	ぐ gu	ず zu	づ zu		ぶ bu					
え e	げ ge	ぜ ze	で de		べ be					
お o	ご go	ぞ zo	ど do		ぼ bo					

* 탁음 입력할 때 ぢ, づ는 다음과 같이 입력을 한다.
　　ぢ - di , づ - du

■ 단어 연습

* 다음 단어의 발음을 비교해 보세요.

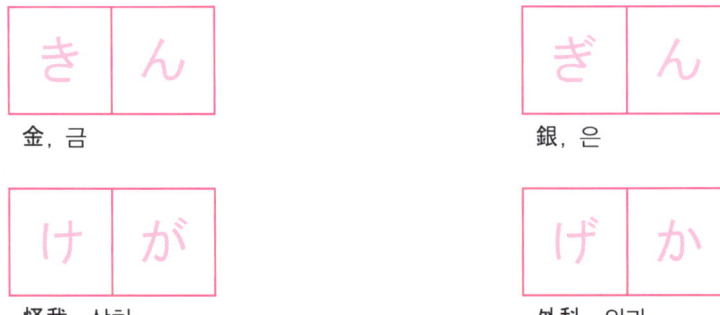

きん
金, 금

ぎん
銀, 은

けが
怪我, 상처

げか
外科, 외과

5時, 5시

腰, 허리

3. 반만 탁한 음 : 반탁음(半濁音)

동영상 QR code

Point 1 글자의 오른쪽 위에 작은 동그라미(°)를 붙인 글자로, 이 점이 붙으면 발음이 달라진다.

Point 2 は행만이 반탁음이 될 수 있다.

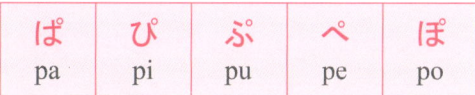

■ 단어 연습

* 다음 단어의 발음을 비교해 보세요.

4. 반모음 : 요음(拗音)

동영상 QR code

Point 1 반모음인 や, ゆ, よ를 작게 써서 발음한다.

Point 2 작게 쓴 や, ゆ, よ 앞에는 い단의 글자 き, し, ち, に, ひ, み, り 그리고 탁음의 ぎ, じ, び, ぴ만 올 수 있다.

예 ○ きゃ × くゃ

あ a	か ka	さ sa	た ta	な na	は ha	ま ma	や ya	ら ra	わ wa
い i	き ki	し si	ち chi	に ni	ひ hi	み mi		り ri	
う u									
え e									
お o									

Point 3 글자 수는 2개지만 발음할 때는 1음절로 발음한다.

きゃ kya	きゅ kyu	きょ kyo
ぎゃ gya	ぎゅ gyu	ぎょ gyo
しゃ sha	しゅ shu	しょ sho
じゃ zya	じゅ zyu	じょ zyo
ちゃ cha	ちゅ chu	ちょ cho
にゃ nya	にゅ nyu	にょ nyo

ひゃ hya	ひゅ hyu	ひょ hyo
びゃ bya	びゅ byu	びょ byo
ぴゃ pya	ぴゅ pyu	ぴょ pyo
みゃ mya	みゅ myu	みょ myo
りゃ rya	りゅ ryu	りょ ryo

■ 단어 연습

* 다음 단어의 발음을 비교해 보세요.

じゅ	ぎょ	う

授業, 수업

じ	ぎょ	う

事業, 사업

び	ょ	う	い	ん

病院, 병원

び	ょ	う	い	ん

美容院, 미용실

Clip 02

>>>> 들어가기

학습목표 일본어 특수음 3가지를 알아봅시다.

>>>> 딱 이것만 알자!

1. 일본어 특수음 : 장음(長音)

동영상 QR code

Point 1 모음이 중복될 때 앞 글자의 소리를 길게 발음한다.

あ단 a＋a おかあさん 어머니
　　　　　　〔ka a〕

い단 i＋i おにいさん 오빠, 형
　　　　　　〔ni i〕

う단 u＋u くうき 공기
　　　　　　〔ku u〕

え단 e＋e おねえさん 언니, 누나,　 e＋i えいが 영화
　　　　　　〔ne e〕　　　　　　　　　　　　〔e i〕

お단 o＋o とおい 멀다,　 o＋u おとうさん (아버지)
　　　　　　〔to o〕　　　　　　　　〔to u〕

Point 2 일본어는 장음이 있느냐 없느냐에 따라 전혀 다른 뜻의 낱말이 되기 때문에 주의해야 한다.

* 다음 단어의 발음을 비교해 보세요.

おばあさん 할머니 ― おばさん 아주머니

おじいさん 할아버지 ― おじさん 아저씨

☞ 「おばさん 아줌마」, 「おじさん 아저씨」을 부를 때 「おばあさん 할머니」, 「おじいさん 할아버지」하고 부르면 안 됩니다. 장음 하나로 일본어는 단어가 바뀐다는 것을 명심!

Point 3 カタカナ의 장음은 "ー"로 표기한다.

복사　　　　　　　　　　　　커피

* 다음 단어의 발음을 비교해 보세요.

おかあさん 어머니	―	おかさん 오카 씨
じょうし 上司, 상사	―	じょし 助士, 조수
カード 카드	―	かど 角, 귀퉁이
チーズ 치즈	―	ちず 地図, 지도
ビール 맥주	―	ビル 빌딩
スキー 스키	―	すき 好き, 좋아하다
コーヒー 커피	―	こい 恋, 연애

2. 일본어 특수음 : 촉음(促音)

동영상 QR code

Point 1 「っ」를 작게 써서 표기한다. 글자는 작게 쓰지만 박자는 한 박자를 가진다.

예   きて 来て, 와줘 ― 2 박자   きって 切手, 우표 ― 3 박자

■ 단어 연습

| い | っ | しょ |

一緒, 같이

| ちょ | っ | と |

조금

| じゅ | っ | ぷ | ん |

十分, 십분

| に | っ | ぽ | ん |

일본

| チ | ケ | ッ | ト |

티켓

| イ | ン | タ | ー | ネ | ッ | ト |

인터넷

* 다음 단어의 발음을 비교해 보세요.

おと 音, 소리   ―   おっと 夫, 남편

さか 坂, 내리막/오르막길 ―   サッカー 축구

ぶか 部下, 부하   ―   ぶっか 物価, 물가

3. 일본어 특수음 : 발음(撥音)

동영상 QR code

Point 1 「ん」로 표기하고 한 박자를 가진다.

■ 단어 연습

| で | ん | わ |
電話, 전화

| も | ん | だ | い |
問題, 문제

| か | ん | こ | く |
韓国, 한국

| べ | ん | きょ | う |
勉強, 공부

| し | ん | ぶ | ん |
新聞, 신문

| た | ん | じょ | う | び |
誕生日, 생일

* 다음 단어의 발음을 비교해 보세요.

かば 하마 　　　—　　　 かばん 가방

かぶ 株, 주식 　　　—　　　 かんぶん 漢文, 한문

きぎょう 企業, 기업 　　　—　　　 きんぎょ 金魚, 금붕어

にほんごのポイント 다음 단어를 말해보자!

2 박자		3 박자		4 박자
くき 줄기	—	くうき 공기	—	クッキー 쿠키
かこ 과거	—	かっこ 괄호	—	がっこう 학교
ろか 여과	—	ろっか 6과	—	ロッカー 사물함

제1과 こんにちは 29

Clip 03

>>>> 들어가기

학습목표 カタカナ를 읽어 봅시다.

>>>> 딱 이것만 알자!

カタカナ
가타카나

	ア행	カ행	サ행	タ행	ナ행	ハ행	マ행	ヤ행	ラ행	ワ행
ア단	ア a	カ ka	サ sa	タ ta	ナ na	ハ ha	マ ma	ヤ ya	ラ ra	ワ wa
イ단	イ i	キ ki	シ si	チ chi	ニ ni	ヒ hi	ミ mi		リ ri	
ウ단	ウ u	ク ku	ス su	ツ tsu	ヌ nu	フ hu	ム mu	ユ yu	ル ru	
エ단	エ e	ケ ke	セ se	テ te	ネ ne	ヘ he	メ me		レ re	
オ단	オ o	コ ko	ソ so	ト to	ノ no	ホ ho	モ mo	ヨ yo	ロ ro	ヲ wo	ン N

■ 단어 연습

ア イ ウ エ オ

| ア | イ | ウ | エ | オ |

동영상 QR code

アルバム　album
インターネット　internet
ウイルス　virus
エレベーター　elevator
オレンジ　orange

カ キ ク ケ コ

| カ | キ | ク | ケ | コ |

동영상 QR code

カメラ　camera
キウイ　kiwi
クリスマス　christmas
ケーキ　cake
コーヒー　coffee

サ シ ス セ ソ

| サ | シ | ス | セ | ソ |

동영상 QR code

サラダ　salad

シリーズ series
スキー ski
セーター sweater
ソファー sofa

동영상 QR code

タオル towel
チーズ cheese
ツアー tower
テスト test
トイレ toiler

동영상 QR code

ナイフ knife
ニュース news
カヌー canoe
ネクタイ necktie
ノート note

ハ ヒ フ ヘ ホ

동영상 QR code

ハンカチ　handkerchief
ヒント　hint
フロント　front
ヘリコプター　helicopter
ホテル　hotel

マ ミ ム メ モ

동영상 QR code

マスク　mask
ミルク　milk
ムード　mood
メール　mail
モデル　model

ヤ ユ ヨ

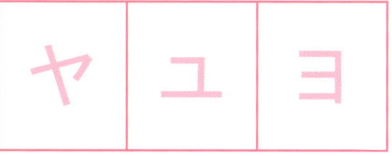

동영상 QR code

タイヤ　tire
シャワー　shower
ユニフォーム　uniform

ジュース　juice
ヨーロッパ　Europa
インフォメーション　information

ラ　リ　ル　レ　ロ

동영상 QR code

ランチ　lunch
リボン　ribbon
ルール　rule
レジ　register
ロビー　lobby

ワ　ヲ　ン

동영상 QR code

ワイン　wine
レモン　lemon

Clip 04

>>>> **들어가기**

학습목표 일본어의 인사말을 배웁시다.

>>>> **딱 이것만 알자!**

회화문

인사말

- おはようございます。(아침 인사) 안녕하세요.
- こんにちは。(점심 인사) 안녕하세요.
- こんばんは。(저녁 인사) 안녕하세요.

처음 만났을 때

A はじめまして。처음 뵙겠습니다.

A よろしくおねがいします。잘 부탁합니다.

B こちらこそ、よろしくおねがいします。저야말로, 잘 부탁합니다.

제1과 こんにちは 35

오랜만에 만났을 때

A　おひさしぶりです。 오랜만입니다.

A　おげんきでしたか。 잘 지내셨어요?

B　おかげさまで。 덕분에.

헤어질 때

- じゃ、また。 또 봐요.
- じゃあね。 또 봐.
- じゃあ、またね。 그럼 또 봐.
- ばいばい。 안녕. 빠이빠이.
- おつかれさまでした。 수고하셨습니다.
- おさきに しつれいします。 먼저 들어가 보겠습니다.
- おきをつけて。 조심히 가세요.

감사할 때

A　ありがとうございます。 감사합니다.

A　ありがとうございました。 감사했습니다.

B　どういたしまして。 천만에요.

사과할 때

A　どうも、すみません。 정말 죄송합니다.

A　どうも、すみませんでした。 정말 죄송했습니다.

A　ごめんなさい。 미안합니다.

B　だいじょうぶです。 괜찮습니다.

축하할 때

A おめでとうございます。 축하합니다.
B ありがとうございます。 감사합니다.

식사할 때

A いただきます。 잘 먹겠습니다.
B ごちそうさまでした。 잘 먹었습니다.

외출할 때

A いってきます。 다녀오겠습니다.
B いってらっしゃい。 다녀오세요.

귀가했을 때

A ただいま。 다녀왔습니다.
B おかえりなさい。 왔어요.

잠자리에 들 때

A おやすみなさい。 안녕히 주무세요.
B おやすみ。 잘 자요.

권하거나 양보할 때

A どうぞ。 어서 하시죠.
B どうも。 감사합니다.

문형 학습하기

にほんごのポイント 일상생활에서 유용하게 쓰이는 'どうぞ。'와 'どうも。'

'どうぞ。'와 'どうも。'만으로 대화가 성립된다. 'どうぞ。'는 상대방에게 뭔가를 권하거나 양보할 때 쓰는 말로, '드세요.' '앉으세요.' '먼저 들어가세요.'와 같이 일상생활에서 폭넓게 쓰인다. 상대방이 'どうぞ。'라고 했을 때 'どうも。'라고 대답하면 된다. '고맙습니다.'라는 뜻이 된다.

발음을 할 때는 'どうぞ。'와 'どうも。'는 둘 다 'どう' 부분이 장음(長音)이기 때문에 '도죠'와 같이 되지 않도록 3박자로 발음을 한다.

A : どうぞ。앉으세요.
B : どうも。감사합니다.

A : どうぞ。드세요.
B : どうも。감사합니다.

A : どうぞ。먼저 들어가세요.
B : どうも。감사합니다.

にほんごのポイント 일상생활에서 유용하게 쓰이는 'すみません。'

'すみません。'은 사과할 때 외에도 가게에서 점원을 부를 때, 모르는 사람에게 말을 걸 때, 또는 '감사하다'라는 뜻으로도 쓰인다.

すみません。죄송합니다
사과 하는 장면

すみません。저기요.
손님이 점원을 부르고 있는 장면

すみません。감사합니다.
차로 데려다 주고 내리는 장면

말해 봅시다

1 おはようございます。(아침 인사) 안녕하세요.
2 こんにちは。(점심 인사) 안녕하세요.
3 こんばんは。(저녁 인사) 안녕하세요.

제2과

はじめまして

처음 뵙겠습니다

01 Clip

>>>> 들어가기

학습목표 자기소개를 해봅시다.

퀴즈 처음 만난 사람에게 뭐라고 할까요?

>>>> 학습하기

회화에 나오는 단어

- ☐ はじめまして　　　　　　　처음 뵙겠습니다
- ☐ さとう　れん　　　　　　　사토 렌
- ☐ です　　　　　　　　　　　~입니다
- ☐ イ・ハユン　　　　　　　　이하윤
- ☐ わたし　　　　　　　　　　나, 저
- ☐ ~は　　　　　　　　　　　~은/는
- ☐ かんこくじん　　　　　　　한국인
- ☐ かた　　　　　　　　　　　분

제2과 はじめまして 43

- ☐ はい　　　　　　　　　네
- ☐ みょうじ　　　　　　성씨
- ☐ ～で　　　　　　　　～(이)고
- ☐ なまえ　　　　　　　이름
- ☐ ～が　　　　　　　　～이/가
- ☐ さん　　　　　　　　씨
- ☐ ～ね　　　　　　　　～요/군요
- ☐ よろしく　　　　　　잘
- ☐ おねがいします　　　부탁합니다
- ☐ こちらこそ　　　　　저야말로
- ☐ にほん　　　　　　　일본
- ☐ はじめて　　　　　　처음(으로)

회화문

さとう はじめまして。さとう　れんです。
사토　처음 뵙겠습니다. 사토 렌입니다.

イ はじめまして。イ・ハユンです。
　　わたしは　かんこくじんです。
이　처음뵙겠습니다. 이하윤입니다.
　　저는 한국인입니다.

さとう かんこくの　かたですか。
사토　한국 분이신가요?

イ はい。みょうじが　イで、なまえが ハユンです。
이　네. 성이 이고 이름이 하윤입니다.

さとう イさんですね。よろしくおねがいします。
사토　이씨군요. 잘 부탁합니다.

イ こちらこそよろしくおねがいします。
이　저야말로 잘 부탁합니다.

さとう イさんは　にほんは　はじめてですか。
사토　이씨는 일본은 처음이십니까?

イ はい、はじめてです。
이　네. 처음입니다.

さとう そうですか。
사토　그렇군요.

문형 학습하기

■ 인칭대명사

1인칭	2인칭	3인칭	부정칭(의문)
わたし(私) 나, 저 ぼく 나(남성어)	あなた 당신, 여보	かれ(彼) 그(사람) かのじょ(彼女) 그녀	だれ(誰) 누구

1인칭 대명사 - 본인을 가리킬 때 쓰는 말.

わたし(私)	나, 저
ぼく	남자가 본인을 가리킬 때 쓰는 말로 대등한 사람이나 아랫사람에게 쓰는 표현.
おれ	남자가 본인을 가리킬 때 쓰는 말로 대등한 사람이나 아랫사람에게 쓰며, 격식이 없는 표현. 처음 만난 사람에게 쓰면 실례가 된다.

2인칭 대명사 - 상대방을 가리킬 때 쓰는 말

～さん	나이나 남녀 상관없이 일본에서는 이름에 ～さん 을 붙이는 것이 보통이다. 田中さん、木村さん과 같이 '～씨'라는 뜻으로, 보통 성에 붙여서 쓴다.
～さま(様)	'～님'이라는 뜻으로, 실제로는 거래처 등의 회사 이름이나 고객을 부를 때 쓰는 호칭. (예. SONY様、田中様)
～ちゃん	주로 여자에게 많이 쓰이지만 어린 남자 아이에게도 쓰기도 한다. ゆいちゃん、えりちゃん과 같이 보통 이름에 붙여서 쓴다. ～さん보다 친근감이 있는 호칭.
～くん(君)	어린 남자아이나 남학생 등 남자에게 쓰인다. ～さん보다 친근감이 있는 호칭. 성인이 되도 학교나 직장 등 친한 사이에서 쓰기도 한다.
あなた	당신, 여보(주로 아내가 남편을 부르는 말로 쓰임.)

3인칭 대명사 - 타인을 가리킬 때 쓰는 말

かれ(彼)	그(사람) 또는 남자 친구, かれし
かのじょ(彼女)	그녀 또는 여자 친구
おとこの ひと(男の人)	남자
おんなの ひと(女の人)	여자

にほんごのポイント 상대방을 부를 때 'あなた'(당신)은 쓰지 않는다.

일본어는 사람을 부를 때 인칭 대명사를 피하는 경향이 있다. 특히 2인칭인 'あなた'는 극히 한정적으로 쓰이는 말이다. 회화에서 'あなた'를 쓰면 공격적으로 느껴지고 실례가 되기도 하다.

일본사람은 'あなた' 대신 보통 ～さん을 붙여서 たなかさん、きむらさん 과 같이 '성+さん'으로 부르거나, 윗사람이라면 직업이나 직함에 따라 'せんせい(선생님)'이나 'ぶちょう(さん)(부장님)'과 같이 부른다.

처음 만난 사람한테 이름을 물어볼 때는 다음과 같이 물어보자.

'すみませんが、おなまえを うかがっても よろしいですか?'
죄송하지만, 성함을 여쭤봐도 될까요?

～は～です

「～は」는 '～은/는'이라는 조사(助詞)로 쓰일 때는 'は'라고 쓰고 'わ'라고 발음한다.
「～です」는 '～입니다'라는 뜻으로 명사(또는 형용사)에 붙여서 쓴다.

- 예 わたしは イ・ハユンです。 저는 이하윤입니다.
- 예 わたしは さとう れんです。 저는 사토 렌입니다.
- 예 わたしは かんこくじんです。 저는 한국인입니다.
- 예 わたしは にほんじんです。 저는 일본인입니다.

～は～ですか

문장 끝에 조사「か」를 붙이면 의문문이 된다. 이 때 의문부호「?」는 붙이지 않고 마침표「。」로 끝나며 억양은 상승조가 된다.

- 예 イさんは かんこくじんですか。 이씨는 한국인입니까?
- 예 さとうさんは がくせいですか。 사토씨는 학생입니까?
  * 의문문이 아닌「か」는 상승조가 아님.
- 예 そうですか。 그렇습니까

~さん

일본사람은 '**あなた**' 대신 보통 ~さん을 붙여서 '성+さん'으로 부른다.

> 예　たなかさん　다나카씨
> 예　きむらさん　기무라씨

일본은 이름을 부를 때 반드시 ~さん이나 ~ちゃん, ~くん 을 붙여서 부른다. 경칭을 붙이지 않고 이름을 막 부르는 「よびすて」는 아주 친한 친구이거나 상사 등이 쓰기도 하지만 보통은 실례라고 생각한다. 한편, ~さん은 약간 거리감을 느끼는 경향이 있어서, 같은 조직에 있는 사람에게 ~ちゃん이나 ~くん을 쓰면서 친근감을 느끼게 한다.

にほんごのポイント 일본어의 호칭

한국은 자신보다 나이가 많은 사람에게 형, 누나, 오빠, 언니 등의 호칭을 붙여 인간 관계를 유지하지만, 일본에는 그런 호칭 문화가 없다. 가족이나 친족 아닌 사람에게 おにいさん, おねえさん과 같이 부르지 않고, ~さん 이나 ~ちゃん, ~くん을 붙이는 것이 보통이다.

はじめて

'처음'이라는 뜻이다.

> 예　かんこくは、はじめてですか。 한국은 처음이십니까?
> 예　にほんは、はじめてですか。 일본은 처음이십니까?

>>>> 정리하기

문형 익히기

1) 자기소개합시다.
   1 はじめまして。 처음 뵙겠습니다.
   2 たなかです。 다나카입니다.
   3 よろしくおねがいします。 잘 부탁합니다.

2) ～は～です
   1 たなかさんは、がくせいです。 다나카 씨는 학생입니다.
   2 かのじょは、かんこくじんです。 그녀는 한국사람입니다.
   3 えりかちゃんは、しょうがくせいです。 에리카 양은 초등학생입니다.

   단어　がくせい　学生　학생　　　　　　しょうがくせい　小学生　초등학생

3) ～は～ですか
   1 たなかさんは、がくせいですか。 다나카 씨는 학생입니까?
   2 かのじょは、かんこくじんですか。 그녀는 한국사람입니까?
   3 えりかちゃんは、しょうがくせいですか。 에리카 양은 초등학생입니까?

4) はじめて
   1 にほん　りょこうは、はじめて　です。 일본 여행은 처음입니다.
   2 かんこく　りょうりは、はじめて　ですか。 한국 요리는 처음입니까?
   3 はい、はじめてです。 네, 처음입니다.

   단어　りょこう　旅行　여행　　　　　　りょうり　料理　요리

퀴즈 정답

➡ はじめまして。

Clip 02

>>>> 들어가기

학습목표 방향을 나타내는 지시대명사를 이용해 보자.

퀴즈 출신을 물어볼 때 뭐라고 할까요?

>>>> 학습하기

회화에 나오는 단어

☐ こちら	이쪽
☐ ～へ	'～(으)로'라는 조사(助詞). 'へ'라고 쓰고 'え'라고 발음한다.
☐ どうぞ	오세요
☐ どうも	감사합니다
☐ ごしゅっしん　ご出身	출신
☐ どちら	어느 쪽
☐ カンウォンド	강원도

☐ チュンチョン	춘천
☐ タッカルビ	닭갈비
☐ ゆうめい　有名	유명
☐ ちばけん　千葉県	치바현
☐ ディズニーランド	디즈니랜드
☐ これ	이것
☐ しゃしん　写真	사진
☐ そうです	그렇습니다
☐ かた　方	분
☐ どなた	어느 분
☐ いもうと　妹 ⇔ おとうと　弟	여동생 ⇔ 남동생

회화문

さとう イさん、こちらへどうぞ。
사토   이씨, 이쪽으로 오세요.

イ どうも。
이   감사합니다.

さとう イさんの ごしゅっしんは どちらですか。
사토   이씨의 출신은 어디입니까?

イ カンウォンドの チュンチョンです。タッカルビで
ゆうめいです。
さとうさんの ごしゅっしんは どちらですか。
이   강원도의 춘천입니다. 닭갈비로 유명합니다.
사토씨의 출신은 어디입니까?

さとう ちばけんです。ディズニーランドで ゆうめいです。
사토   치바현입니다. 디즈니랜드로 유명합니다.

イ これは ディズニーランドの しゃしんですか。
이   이것이 디즈니랜드 사진입니까?

さとう はい、そうです。
사토   네 그렇습니다.

イ このかたは どなたですか。
이   이 분은 누구십니까?

さとう わたしの いもうとです。
사토   저의 여동생입니다.

문형 학습하기

■ こそあど

☑ 방향에 관한 지시대명사 こそあど (1)

이쪽	그쪽	저쪽	어느 쪽
こちら	そちら	あちら	どちら

- 예) こちらへ、どうぞ。 이쪽으로 오세요.
- 예) そちらは、どなたですか。 그쪽은 누구십니까?
- 예) あちらは、いかがですか。 저쪽은 어떠십니까?
- 예) おすまいは、どちらですか。 댁은 어디십니까?

☑ どなたですか。 누구십니까?

'どなた'는 'だれ'의 존중한 표현. 즉, '누구세요?'라고 할 때 'だれですか。'라고 하는 것보다 'どなたですか。'라고 하는 것이 더 정중한 표현이 된다.

☑ いかがですか。 어떠십니까?

'いかが'는 'どう'의 존중한 표현. 즉, '어떻습니까?'라고 할 때 'どうですか。'라고 하는 것보다 'いかがですか。'라고 하는 것이 더 정중한 표현이 된다.

☑ おすまい   댁, 주거(住居)

'집'을 '家(いえ)'라고 하지만, 타인의 집을 가리킬 때는 'おうち', 'おすまい', 'ご自宅(じたく)'라는 말을 주로 쓴다.

- 예) おうちは、どこですか。 집은 어디에요?
- 예) ご自宅(じたく)は、どちらですか。 댁은 어디십니까?
- 예) おすまいは、どちらですか。 댁은 어디십니까?

☑ どちら 어느 쪽, 어디, 어느 분

어느 쪽 : 'どっち'보다 정중한 말.

예 どちらになさいますか。 어느 쪽으로 하시겠습니까?

어디 : 'どこ'보다 정중한 말.

예 おすまいは、どちらですか。 댁은 어디십니까?

어느 분 : 'だれ'보다 정중한 말.

예 どちらさまですか。 누구십니까?

~へ

방향을 나타내는 조사로, '~(으)로'라는 뜻이 된다. 'へ'라고 쓰고 'え'라고 발음한다.

예 とうきょうへ いきます。 도쿄로 갑니다.

* 도착지를 나타내는 조사「に」로 대체할 수 있다.

예 とうきょうに いきます。 도쿄에 갑니다.

단어 とうきょう 東京 도쿄   いきます 行きます 갑니다

~の~

명사와 명사를 연결할 때는 사이에 「の」가 들어간다. 고유명사나 복합어인 경우를 제외하고는 반드시 「の」를 넣어야 한다.

예 ディズニーランドの しゃしん 디즈니랜드 사진
예 わたしの いもうと 나의 여동생

■ ~でゆうめいです

'~로 유명합니다.'라는 뜻이 된다.

예 おおさかは　たこやきで　ゆうめいです。오사카는 타코야키로 유명합니다.
예 A：きむらさんの　ごしゅっしんは　どちらですか。기무라씨의 출신은 어디입니까?
　 B：しずおかです。おちゃで　ゆうめいです。시즈오카입니다. 차로 유명합니다.

* ~がゆうめいです　~가/이 유명합니다

예 おおさかは　たこやきが　ゆうめいです。오사카는 타코야키가 유명합니다.

정리하기

문형 익히기

1) ～の～
   1 わたしの　おとうと　나의 남동생
   2 せんせいの　かばん　선생님의 가방
   3 にほんの　しゅと　일본의 수도

   단어　せんせい　先生　선생님　　　　しゅと　首都　수도

2) ～で　ゆうめいです
   1 さっぽろは　ゆきまつりで　ゆうめいです。 삿포로는 눈 축제로 유명합니다.
   2 A：やまもとさんの　ごしゅっしんは　どちらですか。 야마모토씨의 출신은 어디입니까?
     B：えひめです。みかんで　ゆうめいです。 에히메입니다. 귤로 유명합니다.

퀴즈 정답

➡ ごしゅっしんは　どちらですか。

Clip 03

>>>> 들어가기

학습목표 부정 표현을 익혀 봅시다.

퀴즈 '아니요. 학생이 아닙니다.'를 일본어로 뭐라고 할까요?

>>>> 학습하기

회화에 나오는 단어

- りゅうがくせい　留学生　　　　　유학생
- かいしゃいん　会社員　　　　　회사원
- がくせい　学生　　　　　학생
- いま　今　　　　　지금
- だいがく　大学　　　　　대학
- 3ねんせい　3年生　　　　　3학년
- ほん　本　　　　　책

- ☐ いいえ					아니요
- ☐ ちがいます				아닙니다
- ☐ おみせ　お店				가게
- ☐ あ、					아,
- ☐ そうですか				그렇습니까
- ☐ せんこう　専攻			전공
- ☐ なんですか　何ですか		무엇인가요
- ☐ けいざいがく　経済学		경제학

회화문

さとう イさんは　りゅうがくせいですか。
사토 이씨는 유학생입니까?

イ いいえ、りゅうがくせいじゃ　ありません。かいしゃいんです。
　　さとうさんは、がくせいですか。
이 아니요. 유학생이 아닙니다. 회사원입니다.
　사토씨는 학생입니까?

さとう はい、がくせいです。いま、だいがく3ねんせいです。
사토 네. 학생입니다. 지금 대학 3학년입니다.

イ それは　だいがくの　ほんですか。
이 그것은 대학교의 책입니까?

さとう いいえ、ちがいます。おみせのです。
사토 아니요. 아닙니다. 가게의 것입니다.

イ あ、そうですか。だいがくの　せんこうは　なんですか。
이 아. 그렇군요. 대학 전공은 무엇입니까?

さとう けいざいがくです。
사토 경제학입니다.

문형 학습하기

■ いいえ、～じゃありません

☑ 명사 부정표현 : ○○○じゃ(では) ありません ～은/는 ～이/가 아닙니다.
「～では ありません ～이/가 아닙니다」는 「～です ～입니다」의 부정 표현입니다.
회화에서는 「では」를 「じゃ」로 바꿔서 「～じゃ ありません」이라고 쓴다.

> [예] わたしは、にほんじんじゃ(では) ありません。 저는 일본사람이 아닙니다.
> [예] かれは、せんせいじゃ(では) ありません。 그는 선생님이 아닙니다.

■ こそあど

☑ 사물을 가리키는 지시대명사 こそあど(2)

이것	그것	저것	어느 것
これ	それ	あれ	どれ

> [예] これは、おみやげです。 이것은 선물입니다.
> [예] それは、くだものです。 그것은 과일입니다.
> [예] あれは、なんですか。 저것은 무엇입니까?

> [단어] おみやげ 여행지에서 구입한 선물. 남의 집을 방문할 때 가지고 가는 선물.
>   くだもの 과일

「これ/それ/あれ/どれ」는 사람을 가리키지 않는다.
× あれは、たなかさんです。
○ あのひとは、たなかさんです。 저 사람은 다나카 씨입니다.

☑ 사물과 사람을 가리키는 지시대명사 こそあど(3)

이	그	저	어느
この	その	あの	どの

- 사물을 가리킬 때

この/その/あの/どの ＋ 명사

> **예** このかばん 이 가방 / そのかばん 그 가방 / あのかばん 저 가방 / どのかばん 어느 가방
>
> **예** このほん 이 책 / そのほん 그 책 / あのほん 저 책 / どのほん 어느 책
>
> **예** このくるま 이 차 / そのくるま 그 차 / あのくるま 저 차 / どのくるま 어느 차

> **단어** かばん 가방　　　　　ほん 本 책
>
> 　　　くるま 車 차

いいえ、ちがいます

はい/いいえ 네/아니요
はい　네.(긍정의 응답표현.)
いいえ　아니요.(부정의 응답표현.)

> **예** A：これは やまださんの くつですか。 이것은 야마다 씨의 신발인가요?
> B：はい。そうです。 네. 그렇습니다.
> B：いいえ。やまださんのじゃ ありません。 아니요. 야마다 씨 것이 아닙니다.
>
> **예** A：この くつは たなかさんの ですか。 이 신발은 다나카 씨의 것인가요?
> B：はい。そうです。 네. 그렇습니다.
> B：いいえ。わたしのじゃありません。 아니요. 제 것이 아닙니다.

☑ 응답 표현

응답 표현에는 「はい 네」, 「いいえ 아니요」 외에도 여러 가지가 있다.

긍정(YES)：　はい。네.
　　　　　　ええ。네.
　　　　　　うん。응. 친한 사이에서 쓰는 표현.
부정(NO)：　いいえ。아니요
　　　　　　いや。아니요.
　　　　　　いえ。　아니요.
　　　　　　ううん。아니. 친한 사이에서 쓰는 표현

■ ~のです

☑ 명사를 대신하는 「の」

앞서 나온 명사가 중복되는 것을 피하기 위해 그 명사 대신에 「の」를 쓴다.

この かばんは、やまださんの かばんです。 이 가방은 야마다 씨의 가방입니다.

위 문장에서 'かばん(가방)'이 반복이 된다. 두 번째 나오는 'かばん(가방)'을 「の」로 대신해서 예문과 같이 쓴다.

この かばんは、やまださんのです。 이 가방은 야마다 씨의 것입니다.

예 このほんは、としょかんのです。(このほんは、としょかんのほんです。)
이 책은 도서관의 것입니다. (이 책은 도서관의 책입니다.)

예 このかさは、たなかさんのです。(このかさはたなかさんのかさです。)
이 우산은 다나카 씨 것입니다. (이 우산은 다나카 씨의 우산입니다.)

■ なんですか

예 A：それは、なんですか。 그것은 무엇입니까?
B：これは、かんこくの おちゃです。 이것은 한국의 차입니다.

예 A：あれは、なんですか。 저것은 무엇입니까?
B：スカイツリーです。 스카이트리입니다.

단어 おちゃ 차　　　　　　　　スカイツリー 스카이트리

>>>> 정리하기

문형 익히기

1) ○○○は、○○○じゃありません（ではありません）。 ~이/가 아닙니다
   1 それは、パクさんの かばんじゃありません。 그것은 박 씨의 가방이 아닙니다.
   2 これは、わたしの くつじゃありません。 이것은 나의 신발이 아닙니다.
   3 A：あれは、たなかさんの くるまですか。 저것은 다나카 씨의 차입니까?
     B：いいえ、わたしのじゃ ありません。 아니요. 저의 것이 아닙니다.

2) ~のです
   1 この ほんは、わたしのです。 이 책은 저의 것입니다.
   2 その かさは、たなかさんのです。 그 우산은 다나카 씨의 것입니다.
   3 あの くるまは、きむらさんのです。 저 차는 기무라 씨의 것입니다.

퀴즈 정답

➡ いいえ、がくせいじゃ ありません。

말해 봅시다

1 はじめまして。イ・ハユンです。 처음 뵙겠습니다. 이하윤입니다.
2 イさんの ごしゅっしんは どちらですか。 이씨의 출신은 어디입니까?
3 イさんは りゅうがくせいですか。 이씨는 유학생입니까?

第2課 はじめまして

제3과

おいくらですか

얼마에요?

Clip 01

>>>> 들어가기

학습목표 점원과 대화를 해 봅시다.

퀴즈 '저기요, 물 주세요.'는 뭐라고 할까요?

>>>> 학습하기

회화에 나오는 단어

- ☐ すみません　　　　　　　　저기요
- ☐ おみず　　　　　　　　　　물
- ☐ ～をください　　　　　　　～을/를 주세요
- ☐ てんいん　　　　　　　　　점원
- ☐ おみせ　　　　　　　　　　가게
- ☐ なんじ　　　　　　　　　　몇 시
- ☐ ～まで　　　　　　　　　　～까지
- ☐ 10じ　　　　　　　　　　　10시

- □ あの、　　　　　　　　　저기,
- □ トイレ　　　　　　　　　화장실
- □ どこですか　　　　　　　어디입니까?
- □ レジ　　　　　　　　　　계산대
- □ 〜の　となりです　　　　〜의 옆입니다

회화문

さとう すみません。おみず ください。
사토 저기요. 물 주세요.

てんいん はい、どうぞ。
점원 네. 여기있습니다.

さとう おみせは なんじまでですか。
사토 가게는 몇 시까지 입니까?

てんいん 10じまでです。
점원 10시까지입니다.

さとう あの、トイレは どこですか。
사토 저기, 화장실은 어디입니까?

てんいん レジの となりです 。
점원 계산대의 옆입니다.

さとう あそこですね。ありがとうございます。
사토 저기네요. 감사합니다.

문형 학습하기

■ [명사](を) ください   ~을/를 주세요

'~を'는 조사 '~을/를'이라는 뜻으로만 사용된다. 'お'와 발음이 같다. 「ください」는 '주세요'라는 뜻이다. 「ください」 앞에 'を'는 회화에서 생략할 수 있다.

예 おみずを　ください。 물을 주세요.
　　　おみず　ください。 물 주세요.

단어 おみず　お水　물

예 これ(を)　ください。 이것(을) 주세요.
예 このパン(を)　ください。 이 빵(을) 주세요.

단어 パン　빵

■ ここ/そこ/あそこ です   여기/거기/저기 입니다

☑ 장소를 가리키는 지시 대명사(こそあど)

이곳, 여기	그곳, 거기	저곳, 저기	어디
ここ	そこ	あそこ	どこ

예 ここです。　여기 입니다.
예 あそこですか。　저기 인가요?

■ ~は どこですか   ~은/는 어디인가요?

☑ 장소 묻기
모르는 사람에게 물어볼 때는 먼저 'すみません。 저기요.'라고 한다.

예 A : <u>すみません、**トイレ**は どこですか</u>。 저기요, 화장실은 어디에요?
B : そこです。 거기에요.

예 A : <u>すみません、**コンビニ**は どこですか</u>。 저기요, 편의점은 어디인가요?
B : あそこです。 저기에요.

예 A : <u>すみません、**えき**は どこですか</u>。 저기요, 전철역은 어디인가요?
B : あそこです。 저기에요.

단어 トイレ 화장실　　　　　　　コンビニ 편의점
えき 駅 전철역

TIP 'どこ' 보다 정중한 표현은 'どちら'.
- いえは、<u>どこ</u>ですか。 집은 어디인가요?
- おすまいは、<u>どちら</u>ですか。 사시는 곳은 어디신가요?

◻ じかん 시간

1시	2시	3시	4시	5시	6시
1時	2時	3時	4時	5時	6時
いちじ	にじ	さんじ	よじ	ごじ	ろくじ
7시	8시	9시	10시	11시	12시
7時	8時	9時	10時	11時	12時
しちじ	はちじ	くじ	じゅうじ	じゅういちじ	じゅうにじ

1분	2분	3분	4분	5분	6분	7분	8분	9분	10분
1分	2分	3分	4分	5分	6分	7分	8分	9分	10分
いっぷん	にふん	さんぷん	よんぷん	ごふん	ろっぷん	ななふん	はっぷん	きゅうふん	じゅっぷん

15분	20분	25분	30분	35분
15分	20分	25分	30分	35分
じゅうごふん	にじゅっぷん	にじゅうごふん	さんじゅっぷん	さんじゅうごふん
40분	45분	50분	55분	60분
40分	45分	50分	55分	60分
よんじゅっぷん	よんじゅうごふん	ごじゅっぷん	ごじゅうごふん	ろくじゅっぷん

◻ なんじですか

예 A : いま、なんじですか。 지금 몇 시 입니까?
B : よじです。 4시입니다.

예 A : いま、なんじですか。 지금 몇 시 입니까?
B : さんじ さんじゅっぷんです。 3시 30분입니다.

* 30분은 'はん(半)'이라고도 한다.
1 : 30 → いちじ はん
4 : 30 → よじ はん

◻ [명사(시간, 장소)] までです ~까지입니다

「まで」는 '~까지'라는 뜻으로, 장소나 시간, 일시 등의 명사 뒤에 붙어서 종료점을 나타낸다.

예 A : なんじ までですか。 언제까지입니까?
B : 5(ご)じ までです。 5시까지요.

예 A : どこ までですか。 어디까지입니까?
B : おおさかえき までです。 오사카역까지입니다.

단어 おおさか 大阪 오사카   えき 駅 역

■ [명사(시간, 장소)] からです

예 A : なんじ からですか。 몇 시부터 입니까?
   B : 1(いち)じ からです。 1시부터입니다.

예 A : どこ からですか。 어디서부터입니까?
   B : ここ からです。 여기서부터입니다.

■ ~から~までです ~부터 ~까지입니다

예 A : どこから どこまでですか。 어디서부터 어디까지인가요?
   B : いえから えきまでです。 집에서 전철역까지입니다

예 A : なんじから なんじまでですか。 몇 시부터 몇 시까지인가요?
   B : あさ 10(じゅう)じから よる 8(はち)じまでです。
      아침 10시부터 밤8시까지입니다.

단어 いえ 家 집   あさ 朝 아침
      よる 夜 밤

■ ~の となりです ~옆입니다

☑ となり

'となり'는 줄 서 있는 거 중, 가장 가까운 것을 말한다.

   となりの せき 옆 자리
   となりの まち 옆 동네

또한, 좌우 양쪽에 있는 집, 또는 그 집 사람을 말한다.

   となりの いえ 이웃 집
   となりの トトロ 이웃 집 토토로

제3과 おいくらですか

단어　せき　席　자리　　　　　　　まち　町　동네
　　　　いえ　家　집
　　　　トトロ　미야자키 하야오의 애니메이션 '이웃집 토토로, となりのトトロ'에 등장하는 캐릭터.

☑　～の〔위치〕です。

옆, 이웃	안	위	아래
となり	中(なか)	上(うえ)	下(した)
앞	뒤	오른 쪽	왼 쪽
前(まえ)	後(うしろ)	右(みぎ)	左(ひだり)
동쪽	서쪽	남쪽	북쪽
東(ひがし)	西(にし)	南(みなみ)	北(きた)

예　がっこうの　となりです。 학교 옆입니다.
예　でんしゃの　なかです。 전철 안입니다.
예　つくえの　うえです。 책상 위입니다.

단어　がっこう　学校　학교　　　　　でんしゃ　電車　전차
　　　　つくえ　机　책상

>>>> 정리하기

문형 익히기

1) ~(を)ください

　1 おみず(を)　ください。 물(을) 주세요.

　2 りんご(を)　ください。 사과(를) 주세요.

　3 このパン(を)　ください。 이 빵(을) 주세요.

2) ここ/そこ/あそこ です。 여기/거기/저기 입니다.

　~は　どこですか。 ~은/는 어디인가요?

　~の となりです ~옆입니다.

　1 A：すみません、しょくどうは　どこですか。 저기요, 식당은 어디에요?
　　B：あちらの　たてものです。 저쪽 건물입니다.

　2 A：すみません、スーパーは　どこですか。 저기요, 마트는 어디에요?
　　B：あそこです。 저기에요.

　3 A：たなかさんの　かいしゃは　どこですか。 다나카 씨 회사는 어디에요?
　　B：えきの　となりの　たてものです。 전철역 옆 건물입니다.

단어	しょくどう　食堂 식당	たてもの　建物 건물
スーパー 슈퍼, 마트	かいしゃ　会社 회사
えき　駅 전철역	となり 옆, 이웃

3) ~から~までです　~부터 ~까지입니다.

　1 A：ぎんこうは　なんじから　なんじまでですか。 은행은 몇 시부터 몇 시까지입니까?
　　B：ごぜん 110(じゅう)じから　ごご 4(よ)じまでです。 오전 10시부터 오후 4시까지입니다.

　2 A：スーパーは、なんじから　なんじまでですか。 마트는 몇 시부터 몇 시까지입니까?
　　B：あさ 9じから　よる 8じまでです。 아침 9시부터 밤 8시까지입니다.

　3 A：テストは、なんじから　なんじまでですか。 시험은 몇 시부터 몇 시까지입니까?
　　B：1(いち)じから　1(いち)じ 50(ごじゅっ)ぷんまでです。 1시부터 1시 50분까지입니다.

단어 ぎんこう 은행   スーパー 슈퍼, 마트
      テスト 시험

퀴즈 정답

➡ すみません。おみず ください。

Clip 02

>>>> 들어가기

학습목표 가게에서 물건을 구매해 봅시다.

퀴즈 '얼마에요?'는 뭐라고 할까요?

>>>> 학습하기

회화에 나오는 단어

- ☐ その　　　　　　　　　　　그
- ☐ パン　　　　　　　　　　　빵
- ☐ ひとつ　　　　　　　　　　하나
- ☐ おいくらですか　　　　　　얼마입니까?
- ☐ 100(ひゃく)えん　　　　　100엔
- ☐ じゃあ　　　　　　　　　　그럼
- ☐ みっつ　　　　　　　　　　셋
- ☐ ください　　　　　　　　　주세요

제3과 おいくらですか

- ☐ となり　　　　　　　　　　　　옆
- ☐ クッキー　　　　　　　　　　　쿠키
- ☐ 50(ごじゅう)えん　　　　　　　50엔
- ☐ ふたつ　　　　　　　　　　　　둘
- ☐ ～と　　　　　　　　　　　　　～와/과, ～랑
- ☐ ぜんぶで　　　　　　　　　　　전부, 다해서
- ☐ 400(よんひゃく)えん　　　　　 400엔
- ☐ 600(ろっぴゃく)えん　　　　　 600엔
- ☐ おつり　　　　　　　　　　　　거스름돈

회화문

イ すみません。その パンは ひとつ おいくらですか。
이 저기요. 그 빵은 하나에 얼마입니까?

てんいん 100えんです。
점원 100엔입니다.

イ じゃあ、その パンを みっつ ください。
이 그럼, 그 빵을 세 개 주세요.

てんいん ありがとうございます。
점원 감사합니다.

イ その となりの クッキーは おいくらですか。
이 그 옆의 쿠키는 얼마입니까?

てんいん クッキーは ひとつ 50えんです。
점원 쿠키는 하나에 50엔입니다.

イ じゃあ、クッキーを ふたつ ください。
이 그럼 쿠키를 두 개 주세요.

てんいん パンが みっつと クッキーが ふたつですね。
점원 빵이 세 개랑 쿠키가 두 개시지요.

イ はい。ぜんぶで おいくらですか。
이 네. 다해서 얼마에요?

てんいん	ぜんぶで　400えんです。
점원	다해서 400엔입니다.

(이 씨가 점원에게 1000엔을 준다.)

てんいん	はい。600えんの　おつりです。 ありがとうございました。
점원	네 600엔의 거스름돈입니다. 감사합니다.

문형 학습하기

☑ 숫자

일	이	삼	사	오	육	칠	팔	구	십
一	二	三	四	五	六	七	八	九	十
いち	に	さん	し	ご	ろく	しち	はち	きゅう	じゅう

☑ 개수 세기

하나	둘	셋	넷	다섯	여섯	일곱	여덟	아홉	열
一つ	二つ	三つ	四つ	五つ	六つ	七つ	八つ	九つ	十
ひとつ	ふたつ	みっつ	よっつ	いつつ	むっつ	ななつ	やっつ	ここのつ	とお

한 개	두 개	세 개	네 개	다섯 개	여섯 개	일곱 개	여덟 개	아홉 개	열 개
一個	二個	三個	四個	五個	六個	七個	八個	九個	十個
いっこ	にこ	さんこ	よんこ	ごこ	ろっこ	ななこ	はちこ	きゅうこ	じっこ / じゅっこ

11개부터는 앞에 'じゅう 10'를 붙여서 'じゅう いっこ 11개', 'じゅう にこ 12개', 'じゅう さんこ 13개……'와 같이 부르면 된다.

- **예** りんご(を) よっつください。 사과(를) 네 개 주세요.
- **예** このパン(を) みっつください。 이 빵(을) 세 개 주세요.
- **예** ひとつください。 하나 주세요.

단어 りんご 사과

☑ 사람 수 세기

한 명	두 명	세 명	네 명	다섯 명	여섯 명	일곱 명	여덟 명	아홉 명	열 명
一人	二人	三人	四人	五人	六人	七人	八人	九人	十人
ひとり	ふたり	さんにん	よにん	ごにん	ろくにん	しち(なな)にん	はちにん	きゅうにん	じゅうにん

第3과 おいくらですか

예 A：なんにんですか。 몇 명입니까?
B：よにんです。 4명입니다.

◼ おいくらですか 얼마인가요?

「いくら」는 「얼마」라는 뜻이다.

にほんごのポイント おみせ, おかね, おちゃ, おさけ, おみず

일본어 단어에 「お」를 붙여서 사용하는 경우가 있다. 예를 들어 다음과 같다.

なまえ	→	おなまえ	이름
みせ	→	おみせ	가게
かね	→	おかね	돈
ちゃ	→	おちゃ	(마시는) 차
さけ	→	おさけ	술
みず	→	おみず	물
にく	→	おにく	고기
こめ	→	おこめ	쌀

이렇게 단어 앞에 붙이는 「お」는 접두사(接頭辞)라고 한다. 그리고 「お」가 붙은 말을 미화어(美化語)라고 한다. 예를 들어, '물 주세요.'를 일본어로 할 때 '물'을 'みず' 보다는 'おみず'라고 하면 격식이 있는 일본어 표현이 된다.

みず、ください。 물 주세요.
おみず、ください。 물 주세요. (공손한 일본어 표현.)

즉, 단어에 「お」를 붙이면 말을 예쁘게 꾸며줄 뿐만 아니라 공손한 일본어 표현이 된다.

그런데 모든 단어에 「お」를 붙일 수는 없고, 일상생활에서 자주 사용하는 말이나 식사와 관련된 말에 붙이는 경향이 있다. 그때 그때 들을 때마다 익혀 두면 좋겠다.

■ **えん(円) 일본의 화폐 단위**

가격은 숫자에 일본의 화폐 단위「えん(円)」을 붙이면 된다.

1엔	10엔	50엔	100엔	500엔
一円	十円	五十円	百円	五百円
いちえん	じゅうえん	ごじゅうえん	ひゃくえん	ごひゃくえん
1,000엔	5,000엔	10,000엔	100,000엔	1,000,000엔
千円	五千円	一万円	十万円	百万円
せんえん	ごせんえん	いちまんえん	じゅうまんえん	ひゃくまんえん

1만, 1억, 1조는 앞에 1(いち)를 꼭 붙여서 いちまん(一万), いちおく(一億), いっちょう(一兆)라고 한다.

정리하기

문형 익히기

1) おいくらですか
   1 손님 : すみません、このパンを みっつ ください。 저기요, 이 빵을 세 개 주세요.
       おいくらですか。 얼마에요?
     점원 : 360(さんびゃく ろくじゅう)えんです。 360엔입니다.
   2 손님 : すみません、りんご ふたつ ください。 저기요, 사과 두 개 주세요.
       おいくらですか。 얼마에요?
     점원 : 420(よんひゃく にじゅう)えんです。 420엔입니다.
   3 손님 : すみません、おにぎりと ジュース ください。 저기요, 주먹밥과 주스 주세요.
       おいくらですか。 얼마에요?
     점원 : ぜんぶで 280(にひゃく はちじゅう)えんです。 다해서 280엔입니다.

   단어　おにぎり　주먹밥, 삼각김밥

퀴즈 정답

➡ おいくらですか。

03 Clip

>>>> 들어가기

학습목표 날짜, 요일을 말해 봅시다.

퀴즈 생일이 언제인지 물어볼 일본어로 뭐라고 할까요?

>>>> 학습하기

회화에 나오는 단어

- ☐ たんじょうび　　　　　생일
- ☐ いつ　　　　　　　　　언제
- ☐ しがつ　　　　　　　　4월
- ☐ ここのか　　　　　　　9일
- ☐ きのう　　　　　　　　어제
- ☐ ～でした　　　　　　　～였습니다
- ☐ ～も　　　　　　　　　～도
- ☐ こんげつ　　　　　　　이번 달

제3과 おいくらですか

- ☐ じゅうごにち　　　　　　　15일
- ☐ らいしゅう　　　　　　　　다음주
- ☐ すいようび　　　　　　　　수요일
- ☐ 〜ね　　　　　　　　　　　〜요/군요
- ☐ いっしょに　　　　　　　　같이
- ☐ しょくじ　　　　　　　　　식사
- ☐ 〜でも　　　　　　　　　　〜(이)라도
- ☐ どうですか　　　　　　　　어떠세요?
- ☐ いいですね　　　　　　　　괜찮네요
- ☐ おひる　　　　　　　　　　낮, 점심
- ☐ いいですよ。　　　　　　　좋아요

회화문

イ	さとうさんの　たんじょうびは　いつですか。
이	사토씨의 생일은 언제입니까?

さとう	しがつ　ここのかです。きのうでした。
사토	4월 9일입니다. 어제였습니다.

イ	そうだったんですか。おめでとうございます。
이	그랬군요. 축하드립니다.

さとう	ありがとうございます。イさんの　たんじょうびは　いつですか。
사토	감사합니다. 이씨의 생일은 언제입니까?

イ	わたしも　こんげつ　たんじょうびです。しがつ　じゅうごにちです。
이	저도 이번 달 생일입니다. 4월 15일입니다.

さとう	そうですか。らいしゅうの　すいようびですね。
사토	그렇군요. 다음 주 수요일이네요.

イ	はい、そうです。
이	네. 그렇습니다.

さとう	いっしょに　しょくじでも　どうですか。
사토	같이 식사라도 어떠세요?

イ	いいですね。
이	좋네요.

さとう	すいようびの　おひるは　どうですか。
사토	수요일 점심은 어떠세요?

イ	いいですよ。
이	좋아요.

문형 학습하기

■ **ひにち** 날짜, **ようび** 요일

月 いちがつ	2月 にがつ	3月 さんがつ	4月 しがつ
5月 ごがつ	6月 ろくがつ	7月 しちがつ	8月 はちがつ
9月 くがつ	10月 じゅうがつ	11月 じゅういちがつ	12月 じゅうにがつ

日 にちようび	月 げつようび	火 かようび	水 すいようび	木 もくようび	金 きんようび	土 どようび
				1 ついたち	2 ふつか	3 みっか
4 よっか	5 いつか	6 むいか	7 なのか	8 ようか	9 ここのか	10 とおか
11 じゅういち にち	12 じゅうに にち	13 じゅうさん にち	14 じゅう よっか	15 じゅうご にち	16 じゅうろく にち	17 じゅうしち にち
18 じゅうはち にち	19 じゅう くにち	20 はつか	21 にじゅういち にち	22 にじゅうに にち	23 にじゅうさん にち	24 にじゅう よっか
25 にじゅうご にち	26 にじゅうろく にち	27 にじゅうしち にち	28 にじゅうはち にち	29 にじゅうく にち	30 さんじゅう にち	31 さんじゅう いちにち

예 A: きょうは **なんがつ なんにち** ですか。 오늘은 몇 월 며칠입니까?
B: 3(さん)がつ 17(じゅうしち)にち です。 3월 17일이요.

예 A: きょうは **なんようび** ですか。 오늘은 무슨 요일입니까?
B: **どようび** です。 토요일이요.

단어 きょう 今日 오늘　　　　　なんがつ 何月 몇 월
なんにち 何日 며칠　　　　なんようび 何曜日 무슨 요일

제3과 おいくらですか

■ 시간 명사

그저께	어제	오늘	내일	모레
おととい	きのう (昨日)	きょう (今日)	あした (明日)	あさって

지난 주	이번 주	다음 주
先週 せんしゅう	今週 こんしゅう	来週 らいしゅう
지난 달	**이번 달**	**다음 달**
先月 せんげつ	今月 こんげつ	来月 らいげつ
작년	**올해**	**내년**
去年 きょねん	今年 ことし	来年 らいねん

매일	매주	매월	매년	항상
毎日 まいにち	毎週 まいしゅう	毎月 まいつき	毎年 まいとし	いつも

にほんごのポイント 毎(まい)

毎(まい)가 앞에 붙는 단어는 반복을 나타내게 되고 부사(副詞)역할을 하게 된다.
'の'는 명사와 명사 사이에 들어가게 됨으로,
毎(まい)~ + 명사 의 형식에서는 기본적으로 'の'가 들어가지 않다.

- 예 こんしゅうの どようび 이번 주 토요일
- 예 ○ まいしゅう どようび 매주 토요일
  × まいしゅうの どようび

- 예 らいげつの ふつか 다음 달 2일
- 예 ○ まいつき ふつか 매달 2일
  × まいつきの ふつか

■ ~は、いつですか　~은/는 언제입니까?

☑ いつ　언제
【예】　A：やすみは、いつですか。쉬는 날은 언제인가요?
　　　B：どようびと　にちようびです。토요일과 일요일이요.
【예】　A：やすみは、いつから　いつまでですか。쉬는 날은 언제부터 언제까지인가요?
　　　B：ついたちから　よっかまでです。1일부터 4일까지입니다.

【단어】　どようび　土曜日　토요일　　　　にちようび　日曜日　일요일
　　　　~と　~와/과

■ ~でした　~었습니다

☑ 명사 과거·긍정형 : ~でした　~었습니다.
'~でした'는 '~です'의 과거형으로 '~었습니다.'로 해석된다.

명사 과거·긍정형

현재	です　~입니다	ですか　~입니까?
과거	でした　~었습니다	でしたか　~이었습니까?

【예】　きょうは、やすみです。오늘은 쉬는 날입니다.
【예】　きょうは、やすみですか。오늘은 쉬는 날입니까?
【예】　としょかんは、やすみでした。도서관은 쉬는 날이었습니다.
【예】　としょかんは、やすみでしたか。도서관은 쉬는 날이었습니까?

【단어】　やすみ　休み　휴일, 휴가

■ ~は、どうですか　~은/는 어떻습니까?

どうですか'는 'どう 어떻게'에 'ですか ~입니까?'가 붙은 표현으로 '어떻습니까?'로 해석된다.

제3과 おいくらですか　91

- **예** A : このほん**は、どうですか**。 이 책은 어때요?
  B : いいですね。 좋네요.
- **예** A : おすし**は、どうですか**。 초밥은 어때요?
  B : いいですね。 좋아요.

단어 おすし 초밥　　　　　　　いいですね 좋아요

지시대명사 こそあど(3) こう/そう/ああ/どう

이렇게	그렇게	저렇게	어떻게
こう	そう	ああ	どう

- **예** **こう**しましょう。 이렇게 합시다.
- **예** **そう**しましょう。 그렇게 합시다.
- **예** **どう**しますか。 어떻게 하겠습니까?

단어 しましょう ~합시다

どう

「どう」는 지시대명사의 부사형으로 '어떻게'로 해석된다.
다음은 친한 사이에서 자주 사용하는 말이다.

- **예** **どう**? 어때?
- **예** **どう**かな。 어떨까?, 글쎄.
- **예** **どう**しよう : 어떻게 하지?
- **예** **どう**する? : 어떻게 할래?

'いいですね'와 'いいですよ'

'**いいですね** 좋네요. 괜찮네요.'는 상대방의 말에 호응하거나 부러움을 표시할 때 사용한다. 한편, '**いいですよ** 좋아요. 괜찮아요.'는 상대방의 부탁을 허락할 때 사용한다.

<상대방의 말의 호응 할 때>

　　예　A：この　ふく、どうですか。이 옷 어때요?
　　　　　B：いいですね。좋네요.

　　예　A：おすし　たべに　いきましょうか。초밥 먹으로 갈까요?
　　　　　B：いいですね。좋네요.
　　　　　　　いいですよ。좋아요.

위와 같이 상대방의 말의 호응할 때는 경우에 따라 'いいですよ'도 된다. 하지만, 다음과 같은 경우에는 제한적으로 쓰인다.

<상대방의 부탁을 허락할 때>

　　예　A：すみません、ここ　すわっても　いいですか。저기요, 여기 앉아도 될까요?
　　　　　B：○ いいですよ。괜찮아요.
　　　　　　　× いいですね。

<부러움을 표시할 때>

　　예　A：こんど、ハワイに　いくんです。다음에 하와이로 가요.
　　　　　B：○ いいですね。좋네요.
　　　　　　　× いいですよ。

<권유를 받았을 때 부정하는 표현>

　　예　う～ん、○○は、ちょっと。음,, ~은/는 좀.
　　예　う～ん、それは、ちょっと。음,,그것은 좀.

> 정리하기

문형 익히기

1) ~は、いつですか。 ~은/는 언제입니까?

　1 A : しゅっぱつは、いつですか。 출발은 언제인가요?
　　 B : あしたの　ごぜん10じです。 내일 오전 10시에요.
　2 A : しゅっちょうは、いつから　いつまでですか。 출장은 언제부터 언제까지인가요?
　　 B : こんしゅうの　すいようびから　らいしゅうの　げつようびまでです。
　　　　 이번 주 수요일부터 다음 주 월요일까지예요.

　　 단어　しゅっぱつ　出発　출발　　　　　　しゅっちょう　出張　출장

2) でした　~었습니다.

　1 ここは　こうえんでした。 여기는 공원이었어요.
　2 テストは　きのうでした。 시험은 어제였어요.
　3 これは、やまださんの　かさでした。 이것은 야마다 씨 우산이었어요.

　　 단어　こうえん　公園　공원　　　　　　テスト　시험

3) ~は、どうですか。 ~은/는 어떻습니까?

　1 あさっては、どうですか。 모레는 어때요?
　2 らいしゅうの　すいようびは、どうですか。 다음 주 수요일은 어때요?

퀴즈 정답

➡ たんじょうびは　いつですか。

말해 봅시다

1 すみません。おみず ください。 저기요. 물 주세요.
2 すみません。その パンは ひとつ おいくらですか。 저기요. 그 빵은 하나에 얼마입니까?
3 さとうさんの たんじょうびは いつですか。 사토 씨의 생일은 언제입니까?

제4과

おいしいです

맛있습니다

Clip 01

>>>> 들어가기

학습목표 일본어 형용사를 알아봅시다.

퀴즈 '오늘은 따뜻하네요.'는 뭐라고 할까요?

>>>> 학습하기

회화에 나오는 단어

- きょう — 오늘
- あたたかい — 따뜻하다
- りょうり — 요리
- おみせ — 가게
- おおきい — 크다
- ゆうめい — 유명
- おきゃくさん — 손님
- おおい — 많다
- おひる — 점심
- とくに — 특히

제4과 おいしいです 99

회화문

イ　きょうは　あたたかいですね。
이　　오늘은 따뜻하네요.

さとう　そうですね。
사토　　그러네요.

イ　ここが　かんこく　りょうりの　おみせです。
이　　여기가 한국요리의 가게입니다.

さとう　ここですか。おおきい　おみせですね。
사토　　여기입니까? 큰 가게네요.

イ　はい。ゆうめいな　おみせです。
이　　네. 유명한 가게입니다.

さとう　おきゃくさんが　おおいですね。
사토　　손님이 많네요.

イ　はい。おひるは　とくに　おきゃくさんが　おおいです。
이　　네. 점심은 특히 손님이 많습니다.

문형 학습하기

■ 일본어 형용사 – い형용사와 な형용사

〔형용사〕　〔명사〕
おおきい　　おみせ　큰 가게
ゆうめいな　おみせ　유명한 가게

일본어 형용사는 <u>명사</u>('おみせ 가게')를 수식할 때 'い'로 끝나는 것을 'い형용사', 'な'로 끝나는 것을 'な형용사'로 나눌 수 있다.

おおきい　➡　い형용사
ゆうめい　➡　な형용사

TIP な형용사의 기본형(사전에 나오는 말)은 'な'가 없는 형태가 된다.

예　やさしい　せんせい　（やさしい : い형용사）
　　　자상한　　선생님
　　　しんせつな　せんせい　（しんせつ : な형용사）
　　　친절한　　　선생님

■ い형용사

い형용사의 기본형(사전형)은 모두 'い'로 끝난다.

おもしろい	재미있다	たのしい	즐겁다
うれしい	기쁘다	むずかしい	어렵다
いそがしい	바쁘다	かわいい	귀엽다
えらい	훌륭하다	いたい	아프다

い형용사 반대말

おおきい	크다	⇔	ちいさい	작다
あたらしい	새롭다	⇔	ふるい	오래되다
いい(よい)	좋다	⇔	わるい	나쁘다
あつい	덥다	⇔	さむい	춥다
あつい	뜨겁다	⇔	つめたい	차갑다
ながい	길다	⇔	みじかい	짧다
おもい	무겁다	⇔	かるい	가볍다
あたたかい	따뜻하다	⇔	すずしい	시원하다
ひろい	넓다	⇔	せまい	좁다
ちかい	가깝다	⇔	とおい	멀다
おいしい	맛있다	⇔	まずい	맛없다
たかい	비싸다	⇔	やすい	싸다
たかい	높다	⇔	ひくい	낮다
はやい	빠르다	⇔	おそい	늦다
やさしい	자상하다	⇔	こわい	무섭다

■ **い형용사 명사 수식 : い형용사 + 명사 + です**

おもしろい 재미있다 + ほん 책 → おもしろい ほんです。 재미있는 책입니다.

예　おいしい 맛있다 · パン 빵 → おいしい パンです。 맛있는 빵입니다.
예　おおきい 크다 · かばん 가방 → おおきい かばんです。 큰 가방입니다.
예　ちいさい 작다 · かばん 가방 → ちいさい かばんです。 작은 가방입니다.

■ **い형용사 정중형 : い형용사 + です**

おもしろい + です → おもしろいです 재미있습니다.

	い형용사 긍정
보통형	おもしろい　재미있다
정중형	い형용사＋です おもしろいです　재미있습니다

예　おおきい 크다　→　おおきいです 큽니다.

예　ちいさい 작다　→　ちいさいです 작습니다.

정리하기

문형 익히기

1) い형용사 ＋ 명사 ＋ です ～한 (명사)입니다.
   1 ひろい　へやです。넓은 방입니다.
   2 からい　りょうりです。매운 요리입니다.
   3 ふるい　たてものです。오래된 건물입니다.

2) い형용사 ＋ です ～습니다.
   1 きょうは、あつい(暑い)です。오늘은 덥습니다
   2 きょうは、さむいです。오늘은 춥습니다
   3 コップが　あつい(熱い)です。컵이 뜨겁습니다

   단어　りょうり　料理　요리

퀴즈 정답

➡ きょうは　あたたかいですね。

Clip 02

〉〉〉〉 들어가기

학습목표 맛에 대해서 말해 봅시다.

퀴즈 '맵지않습니까?'는 뭐라고 할까요?

〉〉〉〉 학습하기

회화에 나오는 단어

- おいしい　　　　　　　　　　맛있다
- からい　　　　　　　　　　　맵다
- ちょうどいい　　　　　　　　딱 좋다, 적당하다
- よかった　　　　　　　　　　다행이다, 좋았다
- ～も　　　　　　　　　　　　～도
- あまり　　　　　　　　　　　그다지
- からくないです　　　　　　　맵지 않습니다

제4과 おいしいです 105

회화문

(요리를 먹는 장면)

イ あじは どうですか。
이 맛은 어떻습니까?

さとう おいしいです。
사토 맛있습니다.

イ からくないですか。
이 맵지 않습니까?

さとう からくないですよ。ちょうどいいです。
사토 맵지 않습니다. 딱 좋습니다.

イ それは よかった。
이 그것은 다행입니다.

さとう それは からいですか。
사토 그것은 맵습니까?

イ これも あまり からくないです。
이 이것도 그다지 맵지않습니다.

문형 학습하기

■ い형용사 부정형 : (い형용사)い + くないです ~하지 않습니다

い형용사의 부정형('~하지 않다.')는 어미 'い'를 'く'로 바꾸고, 'ない'를 붙여 '~くない'라고 하면 된다. 정중하게 말할 때는 'ない' 뒤에 'です'를 붙여 'ないです'라고 하거나, 'ないです'를 'ありません'으로 바꾸어 표현한다.

	い형용사 부정
보통형	(い형용사)い + く ない おもしろく ない 재미있지 않다
정중형	(い형용사)い + く ないです おもしろく ないです 재미있지 않습니다. (い형용사)い + く ありません おもしろく ありません 재미있지 않습니다.

예 おおきい 크다 → おおきくない
   → おおきくないです (おおきくありません) 크지않습니다

예 ちいさい 작다 → ちいさくない
   → ちいさくないです (ちいさくありません) 작지않습니다

■ いい 좋다

「いい 좋다」에 부정형은 「× いくない」가 아닌 「よい」의 활용으로 「よくない」가 된다.

'いい 좋다' 활용표

	긍정	부정
보통형	いい 좋다	よくない 좋지 않다
정중형	いいです 좋습니다	よくないです 좋지 않습니다. よくありません

| 예 | きょうは、てんきが　よくないです。 오늘은 날씨가 좋지 않습니다.
| 예 | きょうは、てんきが　よくありません。 오늘은 날씨가 좋지 않습니다.

| 단어 | てんき　天気　날씨

■ あまり～くないです   그다지 ~지 않습니다

「あまり」의 뒤에는 부정표현이 온다.

| 예 | あまり　おおきく　ないです。 그다지 크지 않습니다.
| 예 | あまり　ながく　ないです。 그다지 길지 않습니다.
| 예 | あまり　やすく　ないです。 그다지 싸지 않습니다.

■ ちょうど いいです   딱 좋습니다. 딱 맞습니다. 적당합니다.

| 예 | A : あまく ないですか。 달지 않습니까?
B : ちょうどいいです。 적당합니다.
| 예 | A : さむく ないですか。 춥지 않습니까?
B : ちょうどいいです。 딱 좋습니다.

정리하기

문형 익히기

1) (い형용사)い + く ないです。 ~하지 않습니다.
   1 テストは、むずかしく ないです。 시험은 어렵지 않습니다.
   2 この ケーキは、あまく ないです。 이 케이크는 달지 않습니다.
   3 ソウルは、あまり あつく ないです。 서울은 그다지 덥지 않습니다.

2) ちょうど いいです。 딱 좋습니다. 딱 맞습니다. 적당합니다.
   1 A : サイズは、どうですか。 사이즈는 어떻습니까?
     B : ちょうど いいです。 딱 맞습니다.

퀴즈 정답

➡ からくないですか。

>>>> 들어가기

학습목표 갖고 싶은 신발을 골라 봅시다.

퀴즈 '비싸지만 이것이 좋아요.'는 뭐라고 할까요?

>>>> 학습하기

회화에 나오는 단어

- ☐ どんな　　　　　　　　　　어떤
- ☐ くつ　　　　　　　　　　　신발
- ☐ いい　　　　　　　　　　　좋다
- ☐ フォーマル　　　　　　　　포멀, 격식을 차린
- ☐ ～が　ほしいです　　　　　～을/를 갖고싶습니다
- ☐ ちょっと　　　　　　　　　좀
- ☐ ちいさい　　　　　　　　　작다
- ☐ いろ　　　　　　　　　　　색

- ☐ サイズ　　　　　　　사이즈
- ☐ うーん　　　　　　　음
- ☐ 〜けど　　　　　　　〜지만

회화문

イ　　　さとうさん、どんな　くつが　いいですか。
이　　　사토씨, 어떤 신발이 좋습니까?

さとう　フォーマルな　くつが　ほしいです。
사토　　포멀한 신발을 갖고 싶습니다.

イ　　　さとうさん、この　くつは　どうですか。
이　　　사토씨, 이 신발은 어떻습니까?

さとう　ちょっと　ちいさいですね。
사토　　좀 작네요.

イ　　　じゃあ、これは　どうですか。
이　　　그럼, 이것은 어떻습니까?

さとう　それは　いろが　ちょっと。
사토　　그것은 색이 좀…

イ　　　じゃあ、この　いろは　どうですか。
이　　　그럼, 이 색은 어떻습니까?

さとう　あ、いいですね。
사토　　아, 좋네요.

イ　　　サイズは　どうですか。
이　　　사이즈는 어떻습니까?

| **さとう** | ちょうど いいです。 |
| 사토 | 딱 좋습니다. |

| **イ** | でも ずいぶん たかいですよ。 |
| 이 | 그래도 꽤 비싼데요. |

| **さとう** | うーん、たかいけど これが いいです。 |
| 사토 | 음. 비싸지만 이것이 좋아요. |

문형 학습하기

☐ ~が　ほしいです　~을/를 갖고 싶습니다

☑ ほしい

'ほしい'는 '갖고 싶다'라는 뜻으로, 형용사와 같은 활용을 한다.

'ほしい 갖고 싶다' 활용

	긍정	부정
보통형	ほしい　갖고 싶다	ほしくない　갖고 싶지 않다.
정중형	ほしいです　갖고 싶습니다.	ほしくないです　갖고 싶지 않습니다. ほしくありません

예　つめたい のみものが ほしいです。 차가운 음료를 갖고 싶습니다.(마시고 싶습니다.)

예　あまい ものが ほしいです。 단 것을 갖고 싶습니다.(먹고 싶습니다.)

예　あたらしい くつが ほしいです。 새 신발을 갖고 싶습니다.

단어　のみもの　飲み物　음료　　　　　ほしい　갖고 싶다
　　　あまい　달다　　　　　　　　　あまいもの　단 것

☐ ずいぶん + い형용사　꽤~

예　A : あじは どうですか。 맛은 어떻습니까?
　　B : ずいぶん からいですね。 꽤 맵네요.

단어　からい　辛い　맵다

예　A : へやは、どうですか。 방은 어떻습니까?
　　B : ずいぶん ひろいですね。 꽤 넓네요.

■ ～けど ～지만

'～けど'는 문장 중간이나 문말에서 쓸 수 있다.

> 예 おいしいけど、たかいです。 맛이 있지만, 비쌉니다.
> 예 いそがしいけど、たのしいです。 바쁘지만, 즐겁습니다.

■ 권유를 받았을 때 부정하는 표현

> 예 う～ん、○○は、ちょっと。 음,, ~은/는 좀.
> 예 う～ん、それは、ちょっと。 음,,그것은 좀.

정리하기

문형 익히기

1) ～が　ほしいです。 ~을/를 갖고 싶습니다.
    1 あたらしい　パソコンが　ほしいです。 새 컴퓨터를 갖고 싶습니다.
    2 かわいい　ふくが　ほしいです。 예쁜 옷을 갖고 싶습니다.
    3 おもしろい　ゲームが　ほしいです。 재미있는 게임을 갖고 싶습니다.

    단어　テスト 시험　　　　　　　　ケーキ 케이크
    　　　　ふく　服　옷　　　　　　　　ゲーム 게임

2) ずいぶん＋い형용사　꽤～
    1 A：これは、どうですか。 이것은 어때요?
      B：ずいぶん　たかいですね。 꽤 비싸네요.
    2 ずいぶん　むずかしいですね。 꽤 어렵네요.
    3 ずいぶん　たかいですね。 꽤 비싸네요.

    단어　たかい　高い　비싸다　　　　ねだんが　たかい。 가격이 비싸다.
    　　　　たかい　高い　높다　　　　　せが　たかい。 키가 높다(크다)

3) ～けど　~지만,~ . ~인데요.
    1 からいけど、おいしいです。 맵지만 맛있습니다.
    2 ちいさいけど、おもいです。 작지만 무겁습니다.

    단어　おもい　重い　무겁다

퀴즈 정답

➡ たかいけど　これが　いいです。

말해 봅시다

1 きょうは あたたかいですね。오늘은 따뜻하네요.
2 これも あまり からくないです。이것도 별로 맵지않습니다.
3 ちょうど いいです。딱 좋습니다.

제5과

とても にぎやかな ところですね

대단히 번화한 곳이네요.

Clip 01

>>>> 들어가기

학습목표 な형용사를 이용해서 말해 봅시다.

퀴즈 '대단히 번화한 곳이네요'는 뭐라고 할까요?

>>>> 학습하기

회화에 나오는 단어

- ☐ とても　　　　　　　　　　대단히
- ☐ にぎやか　　　　　　　　　〔な형용사〕번화함
- ☐ ところ　　　　　　　　　　곳
- ☐ こうつう　　　　　　　　　교통
- ☐ ～も　　　　　　　　　　　～도
- ☐ べんり　　　　　　　　　　〔な형용사〕편리함
- ☐ ～し　　　　　　　　　　　～하고
- ☐ まち　　　　　　　　　　　동네

第5과　とても　にぎやかな　ところですね

- ☐ きれい 〔な형용사〕 아름다움, 예쁨, 깨끗함
- ☐ たてもの 건물
- ☐ ゆうめい 〔な형용사〕 유명함
- ☐ おてら 절
- ☐ おおきい 〔い형용사〕 크다
- ☐ となり 옆
- ☐ えき 역
- ☐ りっぱ 〔な형용사〕 훌륭함

회화문

イ とても にぎやかな ところですね。
이　　대단히 번화한 곳이네요.

さとう はい。こうつうも べんりですし、まちも きれいですよ。
사토　　네. 교통도 편리하고 동네도 깨끗해요.

イ あの たてものは なんですか。
이　　저 건물은 무엇입니까?

さとう あれは ゆうめいな おてらです。
사토　　저것은 유명한 절입니다.

イ そうですか。おおきいですね。
이　　그렇군요. 크네요.

イ おてらの となりの たてものは なんですか。
이　　절의 옆의 건물은 무엇입니까?

さとう あれは えきです。
사토　　저것은 역입니다.

イ そうですか。りっぱな たてものですね。
이　　그렇군요. 훌륭한 건물이네요.

문형 학습하기

■ な형용사

명사를 수식할 때 「な」로 끝나는 것을 な형용사라고 한다.
な형용사의 기본형(사전형)은 'な'가 없는 형태이며, 명사를 수식할 때 'な'를 붙인다.

> **예** しずか 조용함
> しずかな まち 조용한 동네

きれい	綺麗	아름다움, 예쁨, 깨끗함	ひつよう	必要	필요함
ゆうめい	有名	유명함	いろいろ	色々	여러가지
しんせつ	親切	친절함	たいへん	大変	힘듦
げんき	元気	건강함	たいせつ	大切	소중함
ひま	暇	한가함	だいじょうぶ	大丈夫	괜찮음
らく	楽	편함	むり	無理	무리
かんたん	簡単	간단함	むだ	無駄	소용없음
ていねい	丁寧	정중함	まじめ	真面目	착실함
しんぱい	心配	걱정	ねっしん	熱心	열심

な형용사 반대말

しずか	静か	조용함	⇔	にぎやか	賑やか	번화함
べんり	便利	편리함	⇔	ふべん	不便	불편함
じょうず	上手	능숙함	⇔	へた	下手	미숙함
すき	好き	좋아함	⇔	きらい	嫌い	싫어함
あんぜん	安全	안전함	⇔	きけん	危険	위험함
とくい	得意	잘 함	⇔	にがて	苦手	잘 못함

■ きれい 아름다움, 예쁨, 깨끗함

'きれい'는 な형용사이지만, 기본형(사전형)이 'い'로 끝나서 'い형용사'로 착각하기 쉽기 때문에 주의가 필요하다. 또한 'きれい'는 '아름답다, 예쁘다, 깨끗하다'와 같이 세 가지 의미를 가진다.

- 예) きれいな はな 아름다운 꽃
- 예) きれいな ひと 예쁜 사람
- 예) きれいな へや 깨끗한 방

단어) はな 花 꽃   へや 部屋 방

■ な형용사 명사 수식 : な형용사 + な + 명사

- 예) きれい・へや 방 → きれいな へや 깨끗한 방
- 예) ゆうめい・ひと 사람 → ゆうめいな ひと 유명한 사람
- 예) すき・いろ 색 → すきな いろ 좋아하는 색

■ な형용사 보통형 : な형용사 + だ

- 예) じょうず + だ → じょうずだ 능숙하다
- 예) すき + だ → すきだ 좋아하다
- 예) べんり + だ → べんりだ 편리하다

■ な형용사 정중형 : な형용사 + です

- 예) かんたん + です → かんたんです 간단합니다. 쉽습니다.
- 예) げんき + です → げんきです 건강합니다.
- 예) べんり + です → べんりです 편리합니다.

| 예 | バスが べんりです。 버스가 편리합니다.
| 예 | パスポートが ひつようです。 여권이 필요합니다.

| 단어 | バス 버스　　　　　　　べんり 便利 〔な형용사〕편리함
　　　　パスポート 여권　　　　ひつよう 必要 〔な형용사〕필요함

☐ な형용사 명사 수식 : な형용사 + な + 명사 + です

| 예 | きれい + ひと 사람 → きれいな ひとです。 예쁜 사람입니다.
| 예 | ひま + ひ 날 → ひまな ひです。 한가한 날입니다.

| 예 | あれは、ゆうめいな おてらです。 저것은 유명한 절입니다.
| 예 | やまださんは、まじめな ひとです。 야마다 씨는 착실한 사람입니다.

| 단어 | まじめ 真面目 〔な형용사〕착실함

☐ い형용사와 な형용사 비교

	い형용사	な형용사
기본형 (사전형)	おもしろい 재미있다	しずか 조용함
명사 수식	い형용사＋명사 おもしろい ほん 재미있는 책	な형용사＋な＋명사 しずかな まち 조용한 동네
보통형	おもしろい 재미있다	な형용사＋だ しずかだ 조용하다
정중형	い형용사＋です おもしろいです 재미있습니다	な형용사＋です しずかです 조용합니다

☐ ～も ～도

| 예 | ドラマも アニメも すきです。 드라마도 애니메이션도 좋아합니다.
| 예 | サッカーも バスケも すきです。 축구도 농구도 좋아합니다.

단어 サッカー 축구   バスケ（バスケットボール） 농구

にほんごのポイント げんき(元気)를 사용한 회화 표현

〔げんき(元気) - '잘 지내다'〕

1. おげんきですか。잘 지내고 있나요?
   오랜만에 인사할 때 하는 인사말이지만, 다음과 같이 한정적으로 사용된다.
   1) 다른 사람의 안부를 물어볼 때.
      예 ごりょうしんは、おげんきですか。부모님은 잘 지내세요?

   2) 편지 첫 문구.
      예 おげんきですか。わたしは、げんきです。
      잘 지내고 있나요? 저는 잘 지내고 있어요.

2. 실제로 만난 자리에서
   1) 구면일 땐 おげんきでしたか。라고 한다.
      예 A : おひさしぶりです。おげんきでしたか。오랜만이에요. 잘 지내셨어요?
      　　 B : はい、おかげさまで。네, 덕분에.

   2) 구면일 땐, 친한 사이에서는 げんき？ 또는 げんきだった？라고 한다.
      예 A : げんき？ 잘 지내？ / げんきだった？ 잘 지냈어？
      　　 B : げんきだよ。잘 지내.

   3) 초면일 땐 こんにちは。(안녕하세요.)라고 인사한다.

3. げんきにやっています。잘 지내고 있습니다.

4. また、おあいしましょう。おげんきで。다음에 또 만나요. 잘 지내세요.

〔げんき(元気) - '기운이 있다/활기 차다'〕

5. A : げんきだった？ 잘 지냈어？
   B : あまりげんきがないんだ。그다지 기운이 없어.

第5課 とても にぎやかな ところですね

6. こどもは、いつもげんきだね。아이는 늘 활기차네.

7. いつもげんきいっぱいだね。항상 기운이 넘치네.

8. げんきないですね。기운이 없어 보이네요.

9. げんきになりました。건강해졌습니다.（몸이 회복이 되었습니다.）

〉〉〉〉 정리하기

문형 익히기

1) な형용사 보통형 : な형용사 ＋ だ　~하다.
   1. A : にほんご、じょうずだね。 일본어 능숙하네.
      B : ありがとう。 고마워.
   2. A : ちょっと　しんぱいだね。 조금 걱정이네.
      B : そうだね。 그렇네.
   3. A : ちょっと　ふべんだね。 조금 불편하네.
      B : そうだね。 그렇네.

2) な형용사 정중형 : な형용사 ＋ です　~합니다.
   1. だいじょうぶです。 괜찮습니다
   2. ここは、しずかです。 이 곳은 조용합니다
   3. でんしゃが　べんりです。 전차가 편리합니다

   단어　でんしゃ　電車　전차

3) な형용사＋ な ＋ 명사 ＋ です　~한 (명사) 입니다.
   1. たなかさんは、しんせつな　ひとです。 다나카 씨는 친절한 사람입니다.
   2. ここは、しずかな　ところです。 이 곳은 조용한 곳입니다.
   3. とうきょうは、とても　にぎやかな　ところです。 도쿄는 대단히 번화한 곳입니다.

   단어　とうきょう　東京　도쿄

퀴즈 정답

➡ とても　にぎやかな　ところですね。

Clip 02

>>>> 들어가기

학습목표 잘하는 것에 대해서 이야기해 봅시다.

퀴즈 '영어는 그다지 잘하지 않습니다.'는 뭐라고 할까요?

>>>> 학습하기

회화에 나오는 단어

- □ にほんご　　　　　　　　　　일본어
- □ じょうず　　　　　　　　　　〔な형용사〕 능숙함
- □ べんきょう　　　　　　　　　공부
- □ たいへん　　　　　　　　　　〔な형용사〕 힘듦
- □ ～じゃありません　　　　　　～하지 않습니다
- □ ～が　　　　　　　　　　　　～지만
- □ えいご　　　　　　　　　　　영어

- ☐ あまり 그다지
- ☐ とくい 〔な형용사〕잘함
- ☐ できます 할 수 있습니다

회화문

さとう にほんごが じょうずですね。
사토   일본어가 능숙하시네요.

イ ありがとうございます。
이   감사합니다.

さとう べんきょうは たいへんじゃ ありませんか。
사토   공부는 힘들지 않습니까?

イ すこし たいへんですが、おもしろいです。
이   조금 힘들지만 재미있습니다.

さとう えいごも できますか。
사토   영어도 할 수 있습니까?

イ えいごは あまり とくいじゃ ありません。
이   영어는 그다지 잘하지 않습니다.

さとう そうですか。
사토   그렇습니까

문형 학습하기

な형용사 부정형 : な형용사 + じゃ ありません(ないです)　~하지 않습니다

な형용사　부정형(~じゃ(では)　ありません)은 'では　ありません'을 붙이면 된다.
회화에서는 'では' 대신 'じゃ'를 써서 '~じゃ　ありません'이라고 한다.
또한, 'ありません' 대신 'ないです' 써서 '~じゃ(では) ないです'이라고도 한다.

예　べんきょうは　たいへんじゃ　ありませんか。 공부는 힘들지 않습니까?
　　　べんきょうは　たいへんじゃ　ないですか。 공부는 힘들지 않습니까?

예　きれい : きれいでは(じゃ)　ない　깨끗하지 않다.
　　　　　　　きれいでは(じゃ)　ありません　깨끗하지 않습니다.
　　　　　　　きれいでは(じゃ)　ないです　깨끗하지 않습니다.

(형용사)ですが、(형용사)です　~이긴 하지만, ~입니다

예　むずかしい　어렵다・おもしろい　재미있다
→ むずかしいですが、おもしろいです。어렵긴 하지만, 재미있습니다.

예　からい　맵다・おいしい　맛있다
→ からいですが、おいしいです。맵긴 하지만, 맛있습니다.

예　いたい　아프다・だいじょうぶ　괜찮다
→ ちょっと　いたいですが、だいじょうぶです。조금 아프긴 하지만 괜찮습니다.

단어　ちょっと　조금

な형용사 긍정/부정

	긍정	부정
보통형	な형용사+だ しずかだ 조용하다	な형용사+では ない しずかでは ない　조용하지 않다 しずかじゃ ない
정중형	な형용사+です しずかです 조용합니다	な형용사+では ありません しずかでは ありません 조용하지 않습니다 しずかじゃ ありません
		な형용사+では ないです しずかでは ないです 조용하지 않습니다 しずかじゃ ないです

にほんごのポイント 'じょうず 능숙하다'와 'とくい 잘하다'

じょうず　上手　능숙함　⇔　へた　下手　서툼
とくい　得意　잘함　⇔　にがて　苦手　잘 못함

'저는 수학을 잘합니다.'는 일본어로 뭐라고 하면 될까?
○ わたしは、すうがくが　とくいです。 저는 수학을 잘합니다.
× わたしは、すうがくが　じょうずです。

본인이 잘할 때는 'とくい', 그리고 잘 못할 때는 'にがて'라고 한다.

　예　○ わたしは、すうがくが　にがてです。 저는 수학을 잘 못합니다.
　　　× わたしは、すうがくが　へたです。

또한, '수학', '물리', '세계사'와 같은 과목명에 'じょうず'는 사용하지 않고, 대신 'よく できる 잘 할 수 있다.'를 쓴다.

　예　○ きむらさんは、すうがくが　よくできる。 기무라 씨는 수학을 잘한다.
　　　× きむらさんは、すうがくが　じょうずです。

'じょうず'는 남을 칭찬할 때 주로 쓴다.

　예　○ たなかさんは、りょうりが　じょうずです。 다나카 씨는 요리가 능숙합니다.
　예　○ わたしは、りょうりが　とくいです。 저는 요리를 잘합니다.

》》》》 정리하기

문형 익히기

1) な형용사 ＋じゃ ありません(ないです)。 ~하지 않습니다.
   1. きょうは、ひまじゃありません。 오늘은 한가하지 않습니다.
      きょうは、ひまじゃ ないです。
   2. にほんごは、とくいじゃありません。 일본어는 잘하지 않습니다.
      にほんごは、とくいじゃ ないです。
   3. その みちは、きけんじゃありません。 그 길은 위험하지 않습니다.
      その みちは、きけんじゃ ないです。

   단어　みち　道　길　　　　　　　　　ひま　〔な형용사〕 한가함
   　　　　 とくい　得意　〔な형용사〕 잘 함　　きけん　危険　〔な형용사〕 위험함

2) (형용사)ですが、(형용사)です　~이긴 하지만, ~입니다.
   1. ちょっと たかいですが、 おいしいです。 조금 비싸긴 하지만, 맛있습니다.
   2. アルバイトは、たいへんですが、たのしいです。 아르바이트는 힘들긴 하지만 즐겁습니다.
   3. ひらがなは かんたんですが、かんじは むずかしいです。
      히라가나는 간단하지만, 한자는 어렵습니다.

   단어　たかい　高い　비싸다〔い형용사〕　　　おいしい　맛있다〔い형용사〕
   　　　　 アルバイト　아르바이트. 'バイト'라고도 함.　たいへん　大変〔な형용사〕 힘듦
   　　　　 たのしい　楽しい〔い형용사〕 즐겁다　　ひらがな　히라가나
   　　　　 かんたん　簡単〔な형용사〕 간단함　　　かんじ　漢字　한자
   　　　　 むずかしい　難しい　어렵다〔い형용사〕

퀴즈 정답

→ えいごは あまり とくいじゃ ありません。

제5과 とても にぎやかな ところですね

>>>> 들어가기

학습목표 좋아하는 것에 대해서 이야기해 봅시다.

퀴즈 '좋아하는 일본 요리는 무엇입니까?'는 뭐라고 할까요?

>>>> 학습하기

회화에 나오는 단어

☐ すき	〔な형용사〕 좋아함
☐ にほん	일본
☐ りょうり	요리
☐ やっぱり	역시
☐ おすし	스시, 초밥
☐ いちばん	가장
☐ そうですか	그렇군요
☐ うーん	음…

- おすしやさん　　　　　초밥집
- ちかく　　　　　　　　근처
- ない　　　　　　　　　없다
- ざんねん　　　　　　　〔な형용사〕아쉽다
- おこのみやき　　　　　오코노미야키
- じつは　　　　　　　　사실은
- ～んです　　　　　　　～거든요

회화문

さとう　すきな　にほん　りょうりは、なんですか。
사토　좋아하는 일본 요리는 무엇입니까?

イ　やっぱり　おすしが　いちばん　すきです。
이　역시 스시를 가장 좋아합니다.

さとう　そうですか。うーん、おすしやさんは　ちかくに　ないですね。
사토　그렇군요. 음... 초밥집은 근처에 없네요.

イ　ざんねんですね。
이　아쉽네요.

さとう　おこのみやきは、どうですか。
사토　오코노미야키는 어떻습니까?

イ　おこのみやきですか。
이　오코노미야키요?

さとう　はい。おこのみやきは、すきですか。
사토　네. 오코노미야키는 좋아합니까?

イ　うーん、じつは　あまり　すきじゃないんです。
이　음… 사실은 그다지 좋아하지 않거든요.

문형 학습하기

■ **すきな 〜は、なんですか** 좋아하는~ 은/는 무엇입니까?

예 A：**すきな スポーツは、なんですか**。 좋아하는 스포츠는 무엇입니까?
B：サッカー/やきゅう/すいえい/ゴルフ　です。 축구/야구/수영/골프 입니다.

예 A：**すきな いろは、なんですか**。 좋아하는 색은 무엇입니까?
B：あか/あお/きいろ/ピンク/みどり　です。
빨간색/파란색/노란색/핑크색/초록색 입니다.

■ **〜が すきです** ~을/를 좋아합니다

× 〜を すきです。
○ 〜が すきです。

예 わたしは、くだもの**が すきです**。 저는 과일을 좋아합니다.

■ **〜が きらいです** ~을/를 싫어합니다

× 〜を きらいです。
○ 〜が きらいです。

예 わたしは、やさい**が きらいです**。 저는 야채를 싫어합니다.

■ **〜んです** ~거든요

い형용사 ＋ んです

예 からい**んです**。 맵거든요.
예 こわい**んです**。 무섭거든요.
예 つめたい**んです**。 차갑거든요.

제5과 とても にぎやかな ところですね　139

な형용사 ＋ な ＋ んです

- 예 べんり**な**んです。 편리하거든요.
- 예 らく**な**んです。 편하거든요.
- 예 ひま**な**んです。 한가하거든요.

명사 ＋ な ＋ んです

- 예 やすみ**な**んです。 쉬는 날이거든요.
- 예 きょう**な**んです。 오늘이거든요.
- 예 テスト**な**んです。 시험이거든요.

＊ '～んです。'는 다음과 같은 경우에 사용한다.

1 의문문(～んですか)으로 설명을 요구할 때
- 예 どうした**ん**ですか。 왜 그래요?

2 어떤 사정을 설명하거나 이유를 말할 때
- 예 おなかがいたい**ん**です。 배가 아프거든요.

3 강조할 때
- 예 A：プレゼントですか。 선물인가요?
  B：はい。プレゼント**な**んです。 네. 선물이거든요.
- 예 A：かんこくは、はじめてですか。 한국은 처음인가요?
  B：はい。はじめて**な**んです。 네. 처음이거든요.

단어　おなか　배　　　　　　　　プレゼント　선물

にほんごのポイント 일본의 가게

한국에서는 가게 종류를 크게, 구멍 가게인 '슈퍼', 대형 마트, 백화점이 있다.
한편, 일본에서는 식품이나 일용품 등 다양한 물건이 있는 가게를 보통 'スーパー'('スーパーマーケット'을 준말)이라고 한다. '西友', 'ダイエー', 'イトーヨーカドー' 등 지역별로 여러 'スーパー'가 있다.
24시간 운영하는 편의점은 'コンビニ'('コンビニエンスストア'를 준말)라고 한다.

백화점은 보통, 'デパート'라고 한다. '高島屋(たかしまや)', 'そごう', '三越(みつこし)', '西部(せいぶ)デパート' 등 여러 백화점이 있다.

반대로 한 가지 물건을 파는 가게는 「～屋(や)」, 「～屋(や)さん」이라고 한다.

야채를 파는 가게는 「八百屋(やおや)さん」
생선을 파는 가게는 「魚屋(さかなや)さん」
약을 파는 가게는 「薬屋(くすりや)さん」
케이크를 파는 가게는 「ケーキ屋(や)さん」
도시락을 파는 가게는 「お弁当屋(べんとうや)さん」

'ケーキ屋さん'은 한국에서는 많이 못 보지만, 케이크만 팔고, 보통 전철역 부근에 '不二家(ふじや)', 'コージーコーナー' 등 케이크 가게가 많이 있다. 일본인들은 집을 방문할 때 케이크나 화과자(おまんじゅう) 등 과자류를 'おみやげ(선물)'로 할 경우가 많기 때문이다.

「お弁当屋(べんとうや)さん」(도시락 집)에서는 take out을 한다.
Take out을 「お持(も)ち帰(かえ)り」라고 한다. ピザ(피자), おすし(초밥), そば(메밀국수) 등을 시켜 먹는 것을 「出前(でまえ)をとる」라고 한다.

》》》 정리하기

문형 익히기

1) すきな ～は、なんですか。 좋아하는~ 은/는 무엇입니까?
   1 A：すきな くだものは、なんですか。 좋아하는 과일은 무엇입니까?
     B：りんご/みかん/ぶどう/いちご/キウイ です。 사과/귤/포도/딸기/키위 입니다.
   2 A：すきな おんがくは、なんですか。 좋아하는 음악은 무엇입니까?
     B：クラシック/ポップス/バラード/ロック/ラップ です。 클래식/팝송/발라드/록/랩 입니다.

퀴즈 정답

→ すきな にほん りょうりは、なんですか。

말해 봅시다

1 あれは ゆうめいな おてらです。 저것은 유명한 절입니다.
2 すこし たいへんですが、おもしろいです。 조금 힘들지만 재미있습니다.
3 すきな にほん りょうりは、なんですか。 좋아하는 일본 요리는 무엇입니까?

제6과

とても たのしかったです

대단히 즐거웠습니다

01 Clip

>>>> 들어가기

학습목표 1. 여행 이야기를 해 봅시다.
　　　　　 2. い형용사의 과거형과 て형을 사용 해 봅시다.

퀴즈 '싸고 맛있었습니다.'는 뭐라고 할까요?

>>>> 학습하기

회화에 나오는 단어

☐ おきなわ　沖縄　　　　　　　　　오키나와

☐ おみやげ　お土産　　　　　　　　기념품

☐ おかし　お菓子　　　　　　　　　과자

☐ あまい　甘い　　　　　　　　　　〔い형용사〕달다

☐ おいしい　　　　　　　　　　　　〔い형용사〕맛있다

☐ とても　　　　　　　　　　　　　대단히

☐ たのしい　楽しい　　　　　　　　〔い형용사〕즐겁다

제6과 とても たのしかったです　145

- ☐ てんき　天気　　　　　　　　　　날씨
- ☐ よい　良い　　　　　　　　　　〔い형용사〕좋다
- ☐ うみ　海　　　　　　　　　　　바다
- ☐ きれい　　　　　　　　　　　　〔な형용사〕아름다움, 예쁨, 깨끗함
- ☐ りょうり　料理　　　　　　　　요리
- ☐ やすい　安い　　　　　　　　　〔い형용사〕싸다

회화문

イ さとうさん、これ、おきなわの　おみやげです。
이　　사토씨 이거 오키나와의 기념품입니다.

さとう ありがとうございます。おきなわの　おかしですね。
사토　　감사합니다. 오키나와의 과자네요.

イ はい。あまくて、おいしいですよ。
이　　네. 달고 맛있어요.

さとう いただきます。おきなわは、どうでしたか？
사토　　잘 먹겠습니다. 오키나와는 어땠습니까?

イ とても　たのしかったです。てんきが　よくて、うみが　きれいでした。
이　　대단히 즐거웠습니다. 날씨가 좋고 바다가 예뻤습니다.

さとう おきなわ　りょうりは、どうでしたか。
사토　　오키나와 요리는 어땠습니까?

イ おきなわ　りょうりは、やすくて　おいしかったです。
이　　오키나와 요리는 싸고 맛있었습니다.

문형 학습하기

■ い형용사 과거형 : (い형용사)い + かったです ~었습니다

　い형용사 과거형('~었다')는 어미 'い'를 빼고, 'かった'를 붙이면 된다. 정중하게 말할 때는 'かった' 뒤에 'です'를 붙여 かったです 라고 하면 된다.

보통형	(い형용사)い + かった たのしいかった　즐거웠다
정중형	(い형용사)い + かったです たのしいかったです　즐거웠습니다

- 예　おいしい　맛있다 → おいしいかった　맛있었다 → おいしかったです。맛있었습니다
- 예　さむい　춥다 → さむいかった　추웠다 → さむかったです。추웠습니다
- 예　おもしろい　재미있다 → おもしろいかった　재미있었다
　　→ おもしろかったです。재미있었습니다

〔い형용사 과거형 연습〕

おもしろい	재미있다	おもしろかった　재미있었다	おもしろかったです　재미있었습니다
うれしい	기쁘다	うれしかった　기뻤다	うれしかったです　기뻤습니다
いそがしい	바쁘다	いそがしかった　바빴다	いそがしかったです　바빴습니다
えらい	훌륭하다	えらかった　훌륭했다	えらかったです　훌륭했습니다
たのしい	즐겁다	たのしかった　즐거웠다	たのしかったです　즐거웠습니다
むずかしい	어렵다	むずかしかった　어려웠다	むずかしかったです　어려웠습니다
かわいい	귀엽다	かわいかった　귀여웠다	かわいかったです　귀여웠습니다
いたい	아프다	いたかった　아팠다	いたかったです　아팠습니다
おおきい	크다	おおきかった　컸다	おおきかったです　컸습니다
あたらしい	새롭다	あたらしかった　새로웠다	あたらしかったです　새로웠습니다
いい(よい)	좋다	よかった　좋았다	よかったです　좋았습니다
あつい	덥다	あつかった　더웠다	あつかったです　더웠습니다

あつい	뜨겁다	あつかった	뜨거웠다	あつかったです	뜨거웠습니다
ながい	길다	ながかった	길었다	ながかったです	길었습니다
おもい	무겁다	おもかった	무거웠다	おもかったです	무거웠습니다
あたたかい	따뜻하다	あたたかかった	따뜻했다	あたたかかったです	따뜻했습니다
ひろい	넓다	ひろかった	넓었다	ひろかったです	넓었습니다
ちかい	가깝다	ちかかった	가까웠다	ちかかったです	가까웠습니다
おいしい	맛있다	おいしかった	맛있었다	おいしかったです	맛있었습니다
たかい	비싸다	たかかった	비쌌다	たかかったです	비쌌습니다
たかい	높다	たかかった	높았다	たかかったです	높았습니다
はやい	빠르다	はやかった	빨랐다	はやかったです	빨랐습니다
やさしい	자상하다	やさしかった	자상했다	やさしかったです	자상했습니다

☐ 'て형'이란

형용사나 동사에 'て'를 붙이면 '~하고, ~해서'라는 뜻이 된다. 이 때 형용사나 동사 뒤에 바로 'て'를 붙일 수 없고, 형용사와 동사를 'て형'으로 만들어야 한다.

い형용사
  예 ちかい → えきが ちかくて べんりです。 전철역이 가깝고 편리합니다.

な형용사
  예 しんせつ → かれは、しんせつで やさしいです。 그는 친절하고 자상합니다.

☐ い형용사 て형 : (い형용사)い + くて ~하고, ~해서

い형용사의 て형('~하고, ~해서')는 어미 'い'를 'く'로 바꾸고, 'て'를 붙여 '~くて'라고 하면 된다.

  예 おいしい 맛있다 → おいしいくて → おいしくて 맛있고
  예 たのしい 즐겁다 → たのしいくて → たのしくて 즐겁고

예　おもしろい 재미있다 → おもしろいくて → おもしろくて 재미있고

☐ いい(좋다) て형

「いい 좋다」에 て형은 「×いくて」가 아닌 「よい」의 활용으로 「よくて」가 된다.

예　A：きのうの　おみせは、どうでしたか。 어제의 가게는 어땠습니까?
　　B：ふんいきが　よくて　りょうりも　おいしかったですよ。
　　　분위기가 좋고 요리도 맛있었어요.

단어　ふんいき　雰囲気　분위기　　　りょうり　料理　요리

〔い형용사 て형 연습〕

1. ちいさい　작다
　→ かばんは(　　　　　)かるいです。 가방은 작고 가볍습니다.

2. やさしい　자상하다
　→ かれは(　　　　　)おもしろいです。 그는 자상하고 재미있습니다.

3. ひろい　넓다
　→ へやは(　　　　　)すずしいです。 방은 넓고 시원합니다.

4. せがたかい　키가 크다
　→ かれは(　　　　　)あしが　ながいです。 그는 키가 크고 다리가 깁니다.

5. いい　좋다
　→ てんきが(　　　　　)うれしいです。 날씨가 좋아서 기쁩니다.

정답
1. ちいさくて　2. やさしくて　3. ひろくて　4. せがたかくて　5. よくて

〉〉〉〉 정리하기

문형 익히기

1) (い형용사)い ＋かったです。 ~었습니다
   1 きょうは、とても あつかったです。 오늘은 대단히 더웠습니다.
   2 テストは、ちょっと むずかしかったです。 시험은 조금 어려웠습니다.
   3 きょうは、とても いそがしかったです。 오늘은 대단히 바빴습니다.

2) (い형용사)い ＋くて ~하고, ~해서
   1 えきが とおくて ふべんです。 역이 멀어서 불편합니다.
   2 これは、ちいさくて かるい かばんです。 이것은 작고 가벼운 가방입니다.
   3 この おみせは、やすくて おいしいです。 이 가게는 싸고 맛있습니다.

   단어 かるい 軽い 〔い형용사〕가볍다

퀴즈 정답

→ やすくて おいしかったです。

Clip 02

>>>> 들어가기

학습목표 1. 교통에 대해서 말해 봅시다.
　　　　　 2. な형용사의 과거형과 て형을 사용 해 봅시다.

퀴즈 '조용하고 깨끗했습니다.'는 뭐라고 할까요?

>>>> 학습하기

회화에 나오는 단어

- ☐ りょかん　旅館　　　　　　　　　　여관
- ☐ しずか　静か　　　　　　　　　　　〔な형용사〕 조용함
- ☐ きれい　　　　　　　　　　　　　　〔な형용사〕 아름다움, 예쁨, 깨끗함
- ☐ こうつう　交通　　　　　　　　　　교통
- ☐ べんり　便利　　　　　　　　　　　〔な형용사〕 편리함
- ☐ らく　楽　　　　　　　　　　　　　〔な형용사〕 편안함
- ☐ くうこう　空港　　　　　　　　　　공항

- ☐ とおい　遠い　　　　　　　　　〔い형용사〕멀다
- ☐ それほど　　　　　　　　　　　그 정도로
- ☐ くるま　車　　　　　　　　　　차
- ☐ ぐらい　　　　　　　　　　　　정도

회화문

さとう おきなわの りょかんは、どうでしたか。
사토 오키나와의 여관은 어땠습니까?

イ りょかんは しずかで、きれいでしたよ。
이 여관은 조용하고 깨끗했어요.

さとう そうですか。こうつうは、べんりでしたか。
사토 그렇습니까. 교통은 편리했습니까?

イ はい。こうつうが べんりで、らくでした。
이 네. 교통은 편리하고 편안했습니다.

さとう くうこうから りょかんまで とおくなかったですか。
사토 공항부터 여관까지 멀지않았습니까?

イ それほど とおくありませんでしたよ。
くうこうから りょかんまで くるまで 20ぷん ぐらいでした。
이 그 정도로 멀지는 않았습니다.
공항부터 여관까지 차로 20분 정도였습니다.

문형 학습하기

■ な형용사 과거형 : な형용사 + でした ~했습니다

보통형	な형용사 + だった きれいだった。 예뻤다
정중형	な형용사 + でした きれいでした。 예뻤습니다

- **예** しずか 조용함 → しずかだった。 조용했다 → しずかでした。 조용했습니다
- **예** べんり 편리함 → べんりだった。 편리했다 → べんりでした。 편리했습니다
- **예** じょうず 능숙함 → じょうずだった。 능숙했다 → じょうずでした。 능숙했습니다

〔な형용사 과거형 연습〕

ゆうめい	유명함	ゆうめいだった 유명했다	ゆうめいでした 유명했습니다
しんせつ	친절함	しんせつだった 친절했다	しんせつでした 친절했습니다
げんき	건강함	げんきだった 건강했다	げんきでした 건강했습니다
ひま	한가함	ひまだった 한가했다	ひまでした 한가했습니다
らく	편함	らくだった 편했다	らくでした 편했습니다
かんたん	간단함	かんたんだった 간단했다	かんたんでした 간단했습니다
ていねい	정중함	ていねいだった 정중했다	ていねいでした 정중했습니다
しんぱい	걱정	しんぱいだった 걱정했다	しんぱいでした 걱정했습니다

■ な형용사 て형 : な형용사 + で ~하고, ~해서

な형용사 て형은 な형용사에 'て'가 아닌 'で'를 붙인다.

- **예** しずか → しずかで 조용하고, 조용해서
- **예** きれい → きれいで 깨끗하고, 깨끗해서, 예쁘고, 예뻐서
- **예** べんり → べんりで 편리하고, 편리해서

예 じょうず → じょうずで 능숙하고, 능숙해서

〔な형용사 て형 연습〕

1. きれい 예쁨
   → かのじょは(　　　)しんせつです。 그녀는 예쁘고 친절합니다.

2. かんたん 간단함
   → これは(　　　)べんりです。 이것은 간단하고 편리합니다.

3. げんき 활기참
   → いつも(　　　)おもしろい ひとです。 항상 활기 차고 재미있는 사람입니다.

4. らく 편함
   → これは(　　　)べんりです。 이것은 편하고 편리합니다.

5. ハンサム 잘생김
   → かれは(　　　)まじめな ひとです。 그는 잘생기고 착실한 사람입니다.

정답
1. きれいで 2. かんたんで 3. げんきで 4. らくで 5. ハンサムで

■ **명사 과거형 : 명사 + でした ~였습니다**

예 これは、にほんごの ほんでした。 이것은 일본어의 책이었습니다.
예 きょうは、やすみでした。 오늘은 쉬는 날이었습니다.

단어 やすみ 쉬는 날

■ **~から~まで~で~ぐらいです ~부터~까지~로~정도입니다**

예 えきから がっこうまで バスで 10ぷん ぐらいです。
역부터 학교까지 버스로 10분 정도입니다.

예 ホテルから　くうこうまで　タクシーで　5ふん　ぐらいです。
호텔부터 공항까지 택시로 5분 정도입니다

단어 バス　버스　　　　　　　　　　　ホテル　호텔
タクシー　택시

정리하기

문형 익히기

1) な형용사＋でした　～했습니다.
   1 むだでした。 소용 없었습니다.
   2 としょかんは、しずかでした。 도서관은 조용했습니다.
   3 おげんきでしたか。 잘 지내셨습니까?

   단어　むだ〔な형용사〕소용없다　　　としょかん　図書館　도서관

2) な형용사 ＋で　～하고, ～해서
   1 あんぜんで　しずかな　まちです。 안전하고 조용한 동네입니다.
   2 まじめで　やさしい ひとが　すきです。 착실하고 자상한 사람이 좋습니다.
   3 いつも　げんきで　おもしろい　ひとです。 언제나 건강하고 재미있는 사람입니다.

   단어　あんぜん　安全〔な형용사〕안전　　　いつも 언제나

퀴즈 정답

➡ しずかで、きれいでした。

03 Clip

>>>> 들어가기

학습목표
1. 사진을 보면서 대화를 해 봅시다.
2. 형용사의 여러가지 표현을 사용 해 봅시다

퀴즈 '저보다 여동생이 더 키가 큽니다'는 뭐라고 할까요?

>>>> 학습하기

회화에 나오는 단어

- ☐ しゃしん　写真　　　　　　　　사진
- ☐ ほんとうに　本当に　　　　　　정말로
- ☐ てんき　天気　　　　　　　　　날씨
- ☐ いい　　　　　　　　　　　　　〔い형용사〕좋다
- ☐ ひ　日　　　　　　　　　　　　날
- ☐ あつい　暑い　　　　　　　　　〔い형용사〕덥다
- ☐ うみ　海　　　　　　　　　　　바다

제6과 とても たのしかったです 159

- ☐ みず　水 　　　　　　　　　　　　물

- ☐ つめたい　冷たい　　　　　　　　〔い형용사〕차갑다

- ☐ となり　隣　　　　　　　　　　　옆

- ☐ おんなのひと　女の人　　　　　　여자

- ☐ だれ　誰　　　　　　　　　　　　누구

- ☐ いもうと　妹　　　　　　　　　　여동생

- ☐ いもうとさん　妹さん　　　　　　여동생 분 (상대방의 여동생을 부를 때)

- ☐ せがたかい　背が高い　　　　　　키가 크다

- ☐ 〜より　　　　　　　　　　　　　〜보다

- ☐ ほう　方　　　　　　　　　　　　쪽

회화문

イ これが　おきなわの　しゃしんです。
이   이것이 오키나와의 사진입니다.

さとう うみが　ほんとうに　きれいですね。
사토   바다가 정말로 예쁘네요.

イ はい、ほんとうに　きれいでしたよ。
이   네. 정말로 예뻤습니다.

さとう てんきも　いいですね。
사토   날씨도 좋네요.

イ はい。この　ひは、　あつかったんですが、うみの　みずは、　つめたかったです。
이   네. 이 날은 더웠지만 바다의 물은 차가웠습니다.

さとう そうですか。イさんの　となりの　おんなの　ひとは、だれですか。
사토   그렇습니까. 이씨의 옆의 여자 분은 누구입니까?

イ わたしの　いもうとです。
이   저의 여동생입니다.

さとう いもうとさんですか。せが　たかいですね。
사토   여동생 분입니까? 키가 크네요.

イ はい、わたしより　いもうとの　ほうが　せが　たかいです。
이   네. 저보다 여동생이 더 키가 큽니다.

第6과 とても　たのしかったです

문형 학습하기

～んですが

예 きのうは、たのしかったんですが、とても あつかったです。
어제는 즐거웠지만 대단히 더웠습니다.

예 えいがは、おもしろかったんですが、こわかったです。
영화는 재미있었지만 무서웠습니다.

예 りょうりは、おいしかったんですが、すこし たかかったです。
요리는 맛있었지만 조금 비쌌습니다.

せが たかい 키가 크다

키는 おおきい/ちいさい(크다/작다)로 말하지 않고 たかい/ひくい(높다/낮다)로 말한다.

예 A：おとうとさんは、せが たかいほうですか。 남동생 분은 키가 큰 편입니까?
B：いいえ、ひくいほうです。 아니요. 작은 편입니다.

～より～のほう ～보다～이/가 더 ～

예 バスより でんしゃの ほうが べんりです。 버스보다 전차가 더 편리합니다.

예 としょかんより しょくどうの ほうが ちかいです。 도서관보다 식당이 더 가깝습니다.

예 コーヒーより こうちゃの ほうが すきです。 커피보다 홍차를 더 좋아합니다.

〔연습〕

1. とうきょう/おきなわ/あつい   도쿄/오키나와/덥다
   → とうきょうより おきなわの ほうが あついです。 도쿄보다 오키나와가 더 덥습니다.

2. サッカー/バスケ/すき   축구/농구/좋아함
   → サッカーより バスケの ほうが すきです。 축구보다 농구를 더 좋아합니다.

3. カタカナ/かんじ/にがて　가타카나/한자/서투름
   → カタカナより　かんじの　ほうが　にがてです。가타카나보다 한자가 더 서투릅니다.

4. きょねん/ことし/さむい　작년/올해/춥다
   → きょねんより　ことしの　ほうが　さむいです。작년보다 올해가 더 춥습니다.

5. スーパー/デパート/おおきい　슈퍼/백화점/크다
   → スーパーより　デパートの　ほうが　おおきいです。슈퍼보다 백화점이 더 큽니다.

정리하기

문형 익히기

1) ～より～のほう ～보다～쪽

   1 アニメより ドラマの ほうが すきです。 애니메이션보다 드라마를 더 좋아합니다.
   2 A：コーヒーと こうちゃ、どちらが すきですか。 커피와 홍차, 어느 쪽을 좋아합니까?
     B：コーヒーより こうちゃの ほうが すきです。 커피보다 홍차를 더 좋아합니다.

퀴즈 정답

➡ わたしより いもうとの ほうが せが たかいです。

말해 봅시다

1 おきなわ りょうりは、やすくて おいしかったです。 오키나와 요리는 싸고 맛있었습니다.
2 りょかんは しずかで、きれいでしたよ。 여관은 조용하고 깨끗했습니다.
3 うみが ほんとうに きれいですね。 바다가 정말로 예쁘네요.

제7과

おさらいしよう(1)

복습 1

01 Clip

>>>> **들어가기**

학습목표 영화 대사를 듣고, 자연스러운 일본어 회화를 익혀 봅시다.

>>>> **학습하기**

등장인물

さちえ 사치에

みどり 미도리

まさこ 마사코

トンミ・ヒルトネン 토미

제7과 おさらいしよう(1)

대사 영화 'かもめ食堂(카모메 식당)'

장면 1　3:38 – 5:58

さちえ　いらっしゃい。
사치에　어서 오세요.

トンミ　コーヒーをください。
토미　커피를 주세요.

さちえ　はい。
사치에　네.

トンミ　ありがとう。
토미　고마워.

さちえ　日本語、上手ですね。
사치에　일본어 잘하네요.

　　　　あ、それ、ニャロメですか。
　　　　아, 그거 '냐로메'입니까?

トンミ　ニャロメ、好きですか？
토미　'냐로메' 좋아하세요?

さちえ　あ、はい。好きですよ。
사치에　아, 네. 좋아해요.

トンミ　だれた、だれた、だれた〜
토미　다레타, 다레타, 다레타 〜

　　　　ガッチャマン、好きですか？
　　　　갓챠맨(독수리 오형제) 좋아하세요?

さちえ　あ〜それ、「だれだ」じゃないですか？
사치에　아〜 그거 'だれだ' 아닌가요?

　　　　だれだ、だれだ、だれだ〜
　　　　누구야, 누구야, 누구야〜

トンミ	全部、ご存じ？	
토미	전부 아세요?	

さちえ	全部？ちょっと待ってくださいね。	
사치에	전부? 조금만 기다려 주세요.	

        だれだ、だれだ、だれだ〜
        다레다, 다레다, 다레다 〜

장면 2   17:56 – 18:06

さちえ	こちら、みどりさん。私のともだちです。	
사치에	이쪽은 미도리 씨. 저의 친구입니다.	

トンミ	私は、トンミ・ヒルトネンです。	
토미	저는 토미 힐트넨입니다.	

みどり	みどりです。どうも。	
미도리	미도리입니다. 안녕하세요.	

장면 3   50:33 – 51:09

トンミ	こんにちは。	
토미	안녕하세요.	

さちえ	いらっしゃい。	
사치에	어서오세요.	

みどり	芸者ですか。	
미도리	게이샤입니까?	

さちえ	おお。芸者。はい、どうぞ。	
사치에	오오. 게이샤. 여기. 드세요.	

トンミ	ありがとう。	
토미	고마워.	

장면 4　1:01:40 – 1:02:38

トンミ　こんにちは。
토미　　안녕하세요.

みどり　いらっしゃい。
미도리　어서오세요.

さちえ　いらっしゃい。
사치에　어서오세요.

みどり　はい、どうぞ。トンミ・ヒルトネン、きのうは、どうもありがとう。
미도리　여기. 드세요. 토미 힐트넨 어제는 정말 감사했어요.

トンミ　どういたしまして。
토미　　별 말씀을요.

さちえ　ほんとうに、どうもありがとう。はい、どうぞ。
사치에　정말로 정말 감사합니다. 여기 드세요.

장면 5　52:53 – 53:17

まさこ　おいしい。
마사코　맛있어요.

さちえ　ありがとうございます。
사치에　감사합니다.

장면 6　1:23:34 – 1:24:26

さちえ　コーヒーいかがですか。
사치에　커피 어떠신가요?

みどり　いただきます。
미도리　잘 먹겠습니다.

まさこ	おいしいですね。
마사코	맛있네요.

さちえ	おいしい。
사치에	맛있어요.

장면 7　1:08:40 – 08:57

まさこ	こんにちは。
마사코	안녕하세요.

みどり	いらっしゃい。
미도리	어서오세요.

さちえ	いらっしゃい。
사치에	어서오세요.

まさこ	こんにちは。
마사코	안녕하세요.

みどり	どうでした、森？
미도리	어땠어요 숲?

まさこ	よかった。
마사코	좋았어요.

Clip 02

>>>> **들어가기**

학습목표 1~6과 내용을 복습합시다.

>>>> **복습하기**

■ 제1과

1 읽어보세요.
   ① インターネット × 인타넷또   인터넷
   ② びょういん   × 보인   병원
   ③ ニュース   × 뉴수   뉴스
   ④ かんこく   × 깡코꾸   한국

2 인사 해 보세요.
   ① 처음 만났을 때
      → はじめまして。처음 뵙겠습니다.
   ② 오랜만에 만났을 때
      → おげんきでしたか。 잘 지내셨어요?

③ 헤어질 때

→ **じゃ、また**。 또 봐요.

→ **おきをつけて**。 조심히 가세요.

④ 권하거나 양보할 때

→ A : **どうぞ**。 어서 하시죠.

B : **どうも**。 감사합니다.

제2과

한국어 문장을 일본어로 말해 보세요.

1 A : 일본 여행은 처음입니까?

　　にほん　りょこうは、**はじめて**　ですか。

　　　　　　　　× **はじめ**

　B : 네, 처음입니다.

　　はい、**はじめて**です。

　　　　× **はじめ**

2 한국어 문장을 일본어로 말해 보세요.

　A : 이 분은 누구십니까?

　　このかたは　どなたですか。

　B : 저의 여동생입니다.

　　わたしの　いもうとです。

3 한국어 문장을 일본어로 말해 보세요.

　A : 저것은 다나카 씨의 차입니까?

　　あれは、たなかさんの　くるまですか。

　B : 아니요. 저의 것이 아닙니다.

　　いいえ、わたしのじゃ　ありません。

■ 제3과

1 시간을 말해 봅시다.
    ① 4시반
        よじ　さんじゅっぷん/よじはん　×　よんじ
    ② 9시 5분
        くじ　ごふん　×　きゅうじ
    ③ 11시 55분
        じゅういちじ　ごじゅうごふん
    ④ 12시 5분전
        じゅうにじ　ごふん　まえ

2 한국어 문장을 일본어로 말해 보세요.
    A : 가게는 몇 시부터 몇 시까지인가요?
        おみせは、なんじから　なんじまでですか。
    B : 아침 10시부터 밤8시까지입니다.
        あさ　10じから　よる　8じまでです。

3 개수를 말해 보세요.
    ① 하나　ひとつ
    ② 다섯　いつつ
    ③ 여덟　やっつ
    ④ 아홉　ここのつ

4 사람 수를 세어봅시다.
    ① 한 명　ひとり
    ② 두 명　ふたり
    ③ 4명　よにん
    ④ 9명　きゅうにん

5 한국어 문장을 일본어로 말해 보세요.
    A : 몇 명입니까?
        なんにんですか。

B : 4명입니다.
　　よにんです。

6　돈을 세어봅시다.
　　① 100엔　ひゃくえん
　　② 천 엔　せんえん
　　③ 1만 엔　いちまんえん
　　④ 십만 엔　じゅうまんえん

7　한국어 문장을 일본어로 말해 보세요.
　　A : 저기요, 이 빵을 세 개 주세요.
　　　　すみません、このパンを　みっつ　ください。
　　　　얼마에요?
　　　　おいくらですか。
　　B : 360엔입니다.
　　　　360えんです。

8　한국어 문장을 일본어로 말해 보세요.
　　A : 오늘은 무슨 요일입니까?
　　　　きょうは　**なんようび**　ですか。
　　　　　　　✕ 난요비
　　B : 토요일입니다.
　　　　どようびです。

9　요일을 말해 봅시다.
　　にち　일
　　げつ　월
　　か　　화
　　すい　수
　　もく　목
　　きん　금
　　ど　　토

10 한국어 문장을 일본어로 말해 보세요.
　　A : 생일은 언제입니까?
　　　　たんじょうびは、いつですか。
　　B : 9월 20일입니다.
　　　　くがつ　はつかです。
　　　　　✕ きゅうがつ　にじゅうにち です。

11 일본어로 말해 봅시다.
　　① 4월 しがつ　✕ よんがつ
　　② 9월 くがつ　✕ きゅうがつ

12 일본어로 말해 봅시다.
　　① ついたち　1일
　　② ふつか　2일
　　③ みっか　3일
　　④ よっか　4일
　　⑤ いつか　5일
　　⑥ むいか　6일
　　⑦ なのか　7일
　　⑧ ようか　8일
　　⑨ ここのか　9일
　　⑩ とおか　10일
　　⑪ はつか　20일

13 일본어로 말해 봅시다.
　　おととい　그저께
　　きのう　어제
　　きょう　오늘
　　あした　내일
　　あさって　모레

　　せんしゅう　지난 주

こんしゅう 이번 주
らいしゅう 다음 주

せんげつ 지난 달
こんげつ 이번 달
らいげつ 다음 달

きょねん 작년
ことし 올해
らいねん 내년

まいにち 매일
まいしゅう 매주
まいつき 매달
まいとし 매년

14 한국어 문장을 일본어로 말해 보세요.
시험은 어제였어요.
テストは きのうでした。

15 한국어 문장을 일본어로 말해 보세요.
다음 주 수요일은 어때요?
らいしゅうの すいようびは、どうですか。

第4과

한국어 문장을 일본어로 말해 보세요.

1 A : 어떤 선생님입니까?
　　どんな せんせいですか。
B : 다정한 선생님입니다.
　　やさしい せんせいです。
　× やさしいな

B : 친정한 선생님입니다.
　　しんせつな　せんせいです。
　　× しんせつの

2 오늘은 춥습니다
　　きょうは、さむいです。

3 A : 춥지 않습니까?
　　　さむく ないですか。
　　B : 딱 좋습니다.
　　　ちょうどいいです。

4 오늘은 날씨가 좋지 않습니다.
　　きょうは、てんきが　よくないです。

5 새 컴퓨터를 갖고 싶습니다.
　　あたらしい　パソコンが　ほしいです。

6 맵지만 맛있습니다.
　　からいけど、おいしいです。

제5과

한국어 문장을 일본어로 말해 보세요.

1 여권이 필요합니다.
　　パスポートが　ひつようです。

2 A : 일본어 능숙하네.
　　　にほんご、じょうずだね。
　　B : 고마워.
　　　ありがとう。

3 일본어는 잘하지 않습니다.
   にほんごは、とくいじゃありません。

4 A : 좋아하는 일본 요리는 무엇입니까?
     すきな　にほん　りょうりは、なんですか。
   B : 스시를 가장 좋아합니다.
     おすしが　いちばん　すきです。

■ 제6과

1 A : 오키나와는 어떠셨어요?
     おきなわは、どうでしたか？
   B : 굉장히 즐거웠습니다.
     とても　たのしかったです。
          × たのしいでした
     날씨가 좋아서 바다가 예뻤습니다.
     てんきが　よくて、うみが　きれいでした。
              × いくて

2 A : 어떤 사람이 좋습니까?
     どんな　ひとが　すきですか。
   B : 착실하고 자상한 사람이 좋습니다.
     まじめで　やさしい　ひとが　すきです。

3 버스보다 전차 쪽이 편리합니다.
   バスより　でんしゃの　ほうが　べんりです。

Clip 03

>>>> 들어가기

학습목표 시험대비 연습문제를 풀어봅시다.

>>>> 연습문제

1. 음성문제

1) 음성 문제입니다. 다음 대화에서 **パクさん**이 하는 대답으로 올바른 것을 하나 고르시오.
   イ：どれが　わたしの　コーヒーですか。
   パク：(　　　　　　　　　　　)

2) 음성 문제입니다. 이어지는 대답으로 올바른 것을 하나 고르시오.

3) 음성 문제입니다. 이어지는 대답으로 올바른 것을 하나 고르시오.

4) 음성 문제입니다. 이어지는 대답으로 올바른 것을 하나 고르시오.

5) 음성 문제입니다. 이어지는 대답으로 올바른 것을 하나 고르시오.

2. 객관식 문제

1) 각 응답 표현 중 ~じゃありません 이 올바르게 사용되고 있는 것을 하나 고르시오.
① A：きょうの　てんきは、どうですか。
　　B：きょうは、すずしいじゃ　ありません。
② A：きょうは、ひまですか。
　　B：きょうは、ひまじゃ　ありません。
③ A：えいがは、どうですか。
　　B：あまり　おもしろいじゃ　ありません。
④ A：このジュースは、どうですか。
　　B：あまり　おいしいじゃ　ありません。

2) 다음 (　) 안에 들어갈 말로 가장 적절한 것을 하나 고르시오.

キムさんは、(　　　　　)ひとです。

① きれい　　　　　　　② しずか
③ まじめな　　　　　　④ おもしろいな

3) 틀린 표현을 하나 고르시오.
① かるい　かばん　　　② あたたかい　のみもの
③ おもしろいな　ほん　④ げんきな　ひと

4) 응답 표현이 올바른 것을 하나 고르시오.
① A：なんじからですか。　　② A：いつからですか。
　　B：ここからです。　　　　　B：よんがつからです。
③ A：どこまでですか。　　　④ A：いま、なんじですか。
　　B：きょうの　3じまでです。　B：くじはんです。

5) 올바른 표현을 하나 고르시오.
① こうえんに　ねこが　あります。
② きょうしつに　やまださんが　ありません。

第7과 おさらいしよう(1)

③ あそこに　すずきさんの　くるまが　います。
④ いえに　おかあさんが　います。

6) 다음 (　) 안에 들어갈 말을 하나 고르시오.

| このパンを（　　　　）ください。 |

① むっつ　　　　　　　　② ふつか
③ いつつ　　　　　　　　④ ここつ

7) '아홉'을 일본어로 올바르게 기입한 것을 하나 고르시오.
① このつ　　　　　　　　② こののつ
③ ここのつ　　　　　　　④ このつつ

8) 다음 대화문에서 표현이 올바른 것을 하나 고르시오.
① A：アルバイトは、たいへんじゃ　ないですか。
　B：たいへんじゃ　ありませんよ。
② A：パクさん、あついじゃ　ないですか。
　B：ちょっと　あついですね。
③ A：ちょっと　きけんじゃ　ないですか。
　B：あまり　きけんですね。
④ A：その　かばん、おもいじゃ　ないですか。
　B：ちょっと　おもいですね。

■ 연습문제 정답 및 해설

1. 음성문제
1) （정답） ④
   （해설） イ：どれが　わたしの　コーヒーですか。어떤 것이 저의 커피입니까?
   パク：(　　　　　　　　　　　)
   ① これは、イさんです。이것이 이씨입니다.
   ② どれが　イさんですか。어떤 것이 이씨입니까?
   ③ イさんは、どこですか。이씨는 어디입니까?
   ④ イさんのは、これです。이씨의 것은 이것입니다.

2) （정답） ④
   （해설） A：さむくないですか。춥지 않으세요?
   B：(　　　　　　　　　　　)
   ① さむいじゃないです。춥지 않습니다.
   　　さむくないです。
   ② からくないです。맵지 않습니다.
   ③ おもくないです。무겁지 않습니다.
   ④ ちょうどいいです。딱 좋습니다.

3) （정답） ②
   （해설） A：あたらしい　いえは、どうですか。새로운 집은 어떻습니까?
   B：(　　　　　　　　　　　)
   ① あまり　あたらしいじゃ　ないですね。그다지 새롭지는 않아요.
   　　あまり　あたらしく　ないですね。
   ② きれいですが、ちょっと　せまいです。깨끗하지만 조금 좁습니다.
   ③ ちょっと　みじかいです。조금 짧습니다.
   ④ ずいぶん　ゆうめいです。충분히 유명합니다.

4) （정답） ②
   （해설） A：じゅぎょうは、どうですか。수업은 어떻습니까?
   B：(　　　　　　　　　　　)
   ① まあまあ　おいしいです。그럭저럭 맛있습니다.
   ② ずいぶん　むずかしいです。대단히 어렵습니다.
   ③ ちょっと　あまいです。조금 답니다.
   ④ つめたいです。차갑습니다.

5) （정답） ①
   （해설） A：ここが　わたしの　だいがくです。여기가 저의 대학입니다.
   B：うわ、すごいですね。としょかんは、どこですか。우와. 굉장하네요. 도서관은 어디입니까?
   A：(　　　　　　　　　　　)

제7과 おさらいしよう(1) 183

① しょくどうのすぐとなりです。식당의 바로 옆입니다.
② としょかんは、5じまでです。도서관은 5시까지입니다.
③ ここからです。여기서부터입니다.
④ はい、そうです。네. 그렇습니다.

2. 객관식 문제
1) (정답) ②
   (해설) ① A : きょうの　てんきは、どうですか。오늘의 날씨는 어떤가요?
              B : ~~きょうは、すずしいじゃ　ありません。~~ 오늘은 시원하지 않습니다.
                  きょうは、すずしく　ありません。
          ③ A : えいがは、どうですか。영화는 어떤가요?
              B : ~~あまり　おもしろいじゃ　ありません。~~ 그다지 재미있지 않습니다.
                  あまり　おもしろく　ありません。
          ④ A : このジュースは、どうですか。이 주스는 어떤가요?
              B : ~~あまり　おいしいじゃ　ありません。~~ 그다지 맛있지 않습니다.
                  あまり　おいしく　ありません。

2) (정답) ③
   (해설) キムさんは、(　　　　)ひとです。 김씨는 (　　　) 사람입니다.
          ① ~~きれい~~ 예쁜 きれいな
          ② ~~しずか~~ 조용한 しずかな
          ③ まじめな 착실한
          ④ ~~おもしろいな~~ 재미있는 おもしろい

3) (정답) ③
   (해설) ① かるい　かばん　가벼운 가방
          ② あたたかい　のみもの　따뜻한 음료
          ③ ~~おもしろいな~~　ほん　재미있는 책
              おもしろい　ほん
          ④ げんきな　ひと　건강한 사람

4) (정답) ④
   (해설) ① A : なんじからですか。몇 시부터 입니까?
              B : ここからです。여기서부터입니다.
          ② A : いつからですか。언제부터입니까?
              B : ~~よんがつからです。~~ 4월부터입니다.
                  しがつからです。
          ③ A : どこまでですか。어디까지입니까?
              B : きょうの　3じまでです。오늘은 3시까지입니다.
          ④ A : いま、なんじですか。지금 몇 시입니까?
              B : くじはんです。9시 반입니다.

5) (정답) ④
   (해설) ① こうえんに　ねこが　あります。공원에 고양이가 있습니다.
                              います。
   ② きょうしつに　やまだ さんが　ありません。교실에 야마다씨가 없습니다.
                                    いません。
   ③ あそこに　すずきさんの　くるまが　います。저기에 스즈키씨의 차가 있습니다.
                                         あります。
   ④ いえに　おかあさんが　います。집에 엄마가 있습니다.

6) (정답) ③
   (해설) このパンを（　　　）ください。 이 빵을 （　　　） 주세요.
   ① むつつ　여섯 개
      むっつ
   ② ふつか　2일
   ③ いつつ　다섯 개
   ④ ここつ　아홉 개
      ここのつ

7) (정답) ③

8) (정답) ①
   (해설) ① A：アルバイトは、たいへんじゃ　ないですか。아르바이트는 힘들지 않나요?
         B：たいへんじゃ　ありませんよ。힘들지 않습니다.
   ② A：パクさん、あついじゃ　ないですか。박씨 덥지 않나요?
              あつくないですか。
      B：ちょっと　あついですね。조금 덥네요.
   ③ A：ちょっと　きけんじゃ　ないですか。조금 위험하지 않나요?
      B：あまり　きけんですね。그다지 위험하지 않습니다.
         あまり　きけんじゃないです。（きけんではありません。）
   ④ A：その　かばん、おもいじゃ　ないですか。이 가방 무겁지 않아요?
                    おもくないですか。
      B：ちょっと　おもいですね。조금 무겁네요.

과 제

1. 다음 (   ) 안에 들어갈 말로 가장 적절한 것을 하나 고르시오.

   > やまだ：このかばんは、イさん（　　　）ですか。
   > イ：はい、そうです。

   ① の
   ② が
   ③ は
   ④ じゃ

2. 올바른 표현을 하나 고르시오.
   ① かれは、やさしいな　ひとです。
   ② ずいぶん　あまいですね。
   ③ あたらしいな　とけいが　ほしいです。
   ④ これは、あまり　からいです。

제8과

일본어 입력하는 방법

PC, 모바일에서 일본어를 입력해 보자. 컴퓨터 키보드로 일본어를 입력할 때 가장 보편적으로 사용되는 방법이 로마자 입력이다. 이것은 일본어의 발음을 로마자로 옮겨 입력하는 방식이다.

> **예** はじめまして。 → ha ji me ma shi te

〔연습해 보자〕
1) 오십음도와 탁음, 요음 표를 보면서 아래와 같이 일본어를 입력해 보자.

> **예** 나 : wa・ta・si → わたし → 〔Space〕키 → 私
> **예** 대학교 : da・i・ga・ku → だいがく → 〔Space〕키 → 大学
> **예** 백(100) : hya・ku → ひゃく → 〔Space〕키 → 百
> **예** 학원 : ju・ku → じゅく → 〔Space〕키 → 塾

> **Point** ひらがな를 입력 후 〔Enter〕키를 누르지 않고 위와 같이 〔Space〕키를 누르면 한자를 입력할 수 있다.

> **Point** 요음인 「ゃ, ゅ, ょ」만 입력하고 싶을 때는 'xya, xyu, xyu'를 치면 된다. 이와 같이 로마자 입력하기 전에 'x'만 치면 작은 글자를 입력할 수 있다.
>
> **예** a → あ , xa → ぁ

2) 특수음 : 발음(ん)
특수음 발음(ん)을 입력할 때는 「n」을 두 번(nn) 치면 된다.

> **예** 전화 : de・nn・wa → でんわ → 〔Space〕키 → 電話

3) 특수음 : 촉음(っ)
특수음 촉음(っ)을 입력할 때는 촉음 다음 글자의 자음을 두 번 치면 된다.

> **예** 표 : Ki・ppu → きっぷ → 〔Space〕키 → 切符
> **예** 학교 : ga・kko・u → がっこう → 〔Space〕키 → 学校

Point 「っ」만 입력하고 싶을 때는 'xtu'를 치면 된다.

4) 특수음 : 장음

특수음 장음을 입력할 때는 숫자 「0」 옆에 있는 「-」를 치면 된다.

예 커피 : Ko・-・hi・-   →   こーひー   →   〔Space〕키   →   コーヒー
예 축구 : sa・kka・-   →   さっかー   →   〔Space〕키   →   サッカー

제9과

かんこくに います

한국에 있습니다

>>>> 들어가기

학습목표　1. 가족을 설명 해 봅시다.
　　　　　2. 「いる/いない」(〔사람, 동물〕 있다/없다)를 사용 해 봅시다.

퀴즈　'가족은 일본에 없습니다. 한국에 있습니다.'는 뭐라고 할까요?

>>>> 학습하기

회화에 나오는 단어

- [ ] なんにん　何人　　　　　　　　　몇 명(인)
- [ ] かぞく　家族　　　　　　　　　　가족
- [ ] 5(ご)にん　5人　　　　　　　　　5명(인)
- [ ] ちち　父　　　　　　　　　　　　아빠
- [ ] はは　母　　　　　　　　　　　　엄마
- [ ] あね　姉　　　　　　　　　　　　언니, 누나
- [ ] いもうと　妹　　　　　　　　　　여동생

제9과　かんこくに　います

- ☐ ひとり　一人　　　　　　　　　　　1명(인)
- ☐ 3(さん)にんしまい　3人姉妹　　　세 자매
- ☐ います　　　　　　　　　　　　　(사람, 동물)있습니다.
- ☐ いません　　　　　　　　　　　　(사람, 동물)없습니다.
- ☐ いぬ　犬　　　　　　　　　　　　개
- ☐ 2(に)ひき　2匹　　　　　　　　　2마리
- ☐ ごかぞく　ご家族　　　　　　　　가족분
- ☐ とうきょう　東京　　　　　　　　도쿄
- ☐ なごや　名古屋　　　　　　　　　나고야

회화문

さとう イさんは、 なんにん かぞくですか。
사토 이씨는 몇 인 가족입니까?

イ 5(ご)にん かぞくです。ちちと ははと あねが ひとりと いもうとが ひとりいます。
이 5인 가족입니다. 아빠와 엄마와 언니가 1명과 여동생이 1명 있습니다.

さとう そうですか。3(さん)にん しまいですね。ごかぞくも にほんに いますか。
사토 그렇습니까. 세 자매이시군요. 가족분도 일본에 있습니까?

イ いいえ。かぞくは、にほんに いません。かんこくに います。
이 아니요. 가족은 일본에 없습니다. 한국에 있습니다.

さとう そうですか。
사토 그렇습니까

イ さとうさんは、きょうだいが いますか。
이 사토씨는 형제가 있습니까?

さとう はい。あにが ひとりと おとうとが ひとりいます。
사토 네. 형이 1명과 남동생이 1명 있습니다.

イ そうですか。さとうさんも 5(ご)にん かぞくですね。
이 그렇습니까. 사토씨도 5인 가족이네요.

第9과 かんこくに います

さとう	はい。それから　いぬが　2(に)ひき　います。
사토	네. 그리고 개가 2마리 있습니다.

イ	そうですか。ごかぞくは、とうきょうに　いますか。
이	그렇습니까. 가족분은 도쿄에 있습니까?

さとう	いいえ。かぞくは、なごやに　います。
사토	아니요. 가족은 나고야에 있습니다.

문형 학습하기

■ 家族の呼び方 가족의 호칭

【나의 가족】

そふ　祖父　할아버지　　　　　そぼ　祖母　할머니
ちち　父　아빠　　　　　　　　はは　母　엄마
あに　兄　형, 오빠　　　　　　あね　姉　누나, 언니
いもうと　妹　여동생　　　　　おとうと　弟　남동생

【상대방의 가족】

おじいさま(さん)　おじい様　할아버지　　おばあさま(さん)　おばあ様　할머니
おとうさま(さん)　お父様　아버지　　　　おかあさま(さん)　お母様　어머니
おにいさま(さん)　お兄様　형, 오빠　　　おねえさま(さん)　お姉様　누나, 언니
おとうとさま(さん)　弟様　남동생　　　　いもうとさま(さん)　妹様　여동생

■ います [사람, 동물] 있습니다

'います 있습니다.'는 'いる (사람, 동물)있다'의 정중 표현.

〔사람, 동물〕 있다/없다

いる　있다	います　있습니다.
いない　없다	いません　없습니다.

예　こうえんに　いぬが　いる。⇔　いない。
　　　공원에 개가 있다.　　　　　　　없다.

예　きょうしつに　がくせいが　います。⇔　いません。
　　　교실에 학생이 있습니다.　　　　　　　없습니다.

단어　こうえん　公園　공원　　　　いぬ　犬　개
　　　　きょうしつ　教室　교실　　　がくせい　学生　학생

>>>> 정리하기

문형 익히기

1) ~が います   ~이/가 있습니다. 〔사람, 동물〕
   1 きむらさんが　います。 기무라 씨가 있습니다.
   2 きむらさんが　いません。 기무라 씨가 없습니다.

2) (장소)に います   (장소)에 있습니다. 〔사람, 동물〕
   1 たなかさんは、　きょうしつに　います。 다나카 씨는 교실에 있습니다.
   2 ねこは、つくえの　したに　います。 고양이는 책상 밑에 있습니다.

   단어   ねこ 고양이   つくえ　机　책상

3) どこに　いますか   어디에 있습니까? 〔사람, 동물〕
   1 A : いま、どこに　いますか。 지금 어디에 있습니까?
     B : こうえんに　います。 공원에 있습니다.
     A : こうえんの　どこに　いますか。 공원의 어디에 있습니까?
     B : こうえんの　ちゅうしゃじょうに　います。 공원의 주차장에 있습니다.

   단어   ちゅうしゃじょう　駐車場　주차장

   2 A : いま、どこに　いますか。 지금 어디에 있습니까?
     B : えきに　います。 전철역에 있습니다.
     A : えきの　どこに　いますか。 전철역의 어디에 있습니까?
     B : えきの　かいさつぐちに　います。 전철역의 개찰구에 있습니다.

   단어   かいさつぐち　改札口　표 내는 곳, 개찰구

퀴즈 정답

➡ かぞくは、にほんに　いません。かんこくに　います。

Clip 02

>>>> 들어가기

학습목표
1. 방에 무엇이 있는지 말해 봅시다.
2. 「ある/ない」(〔물건, 식물〕 있다/없다)를 사용 해 봅시다.

퀴즈 '방에 타월은 몇 장 있습니까?'는 뭐라고 할까요?

>>>> 학습하기

회화에 나오는 단어

- ☐ タオル   타월
- ☐ なんまい   몇 장
- ☐ あります   있습니다.
- ☐ ありますか   있습니까?
- ☐ 6(ろく)まい   6장
- ☐ ドライヤー   드라이어
- ☐ かがみ   거울

☐ まえに	앞에
☐ はぶらし	칫솔
☐ ～も	～도
☐ コップ	컵
☐ なかに	안에
☐ わかりました。	알겠습니다
☐ それから	그리고
☐ パソコン	컴퓨터
☐ そうですか。	그렇습니까

회화문

さとう へやに タオルは なんまい ありますか。
사토 방에 타월은 몇 장 있습니까?

ホテルの職員 タオルは 6まい あります。
호텔의 직원 타월은 6장 있습니다.

さとう そうですか。ドライヤーも ありますか。
사토 그렇습니까. 드라이어도 있습니까?

ホテルの職員 はい、あります。ドライヤーは かがみの まえに ひとつ あります。
호텔의 직원 네. 있습니다. 드라이어는 거울의 앞에 하나 있습니다.

さとう はぶらしも ありますか。
사토 칫솔도 있습니까?

ホテルの職員 はい、あります。はぶらしは コップの なかに あります。
호텔의 직원 네. 있습니다. 칫솔은 컵의 안에 있습니다.

さとう わかりました。それから パソコンは ありますか。
사토 알겠습니다. 그리고 컴퓨터는 있습니까?

ホテルの職員 いいえ、パソコンは ありません。
호텔의 직원　아니요. 컴퓨터는 없습니다.

さとう　　そうですか。わかりました。
사토　　　그렇습니까. 알겠습니다.

문형 학습하기

■ あります [물건, 식물] 있습니다

'あります 있습니다.'는 물건이나 식물의 존재를 나타내는 동사 'ある 있다'의 정중 표현이다. 사람이나 동물에는 쓸 수 없으니 주의해야 한다.

〔물건, 식물〕 있다/없다

ある 있다	あります 있습니다.
ない 없다	ありません 없습니다.

예 ここに くるまが ある。 ⇔ ない。
여기에 자동차가 있다.   없다.

예 さいふに おかねが あります。 ⇔ ありません。
지갑에 돈이 있습니다.   없습니다.

단어 さいふ 지갑

>>>> 정리하기

문형 익히기

1) ～が あります   ~이/가 있습니다.〔물건, 식물〕
   1 すずきさんの くるまが あります。 스즈키 씨의 차가 있습니다.
   2 やまださんの かばんが あります。 야마다 씨의 가방이 있습니다.

2) (장소)に あります   (장소)에 있습니다.〔물건, 식물〕
   1 としょかんは、あそこに あります。 도서관은 저쪽에 있습니다.
   2 トイレは、エレベーターの よこに あります。 화장실은 엘리베이터의 옆에 있습니다.

   단어   としょかん　図書館　도서관　　　　エレベーター　엘리베이터

3) どこに ありますか。 어디에 있습니까?〔물건, 식물〕
   1 A: くるまは、どこに ありますか。 차는 어디에 있습니까?
      B: ちゅうしゃじょうに あります。 주차장에 있습니다.
   2 A: パソコンは、どこに ありますか。 컴퓨터는 어디에 있습니까?
      B: つくえの うえに あります。 책상의 위에 있습니다.

퀴즈 정답

➡ へやに タオルは なんまい ありますか。

Clip 03

>>>> 들어가기

학습목표 「いる/いない」「ある/ない」를 자유자재로 사용 해 봅시다.

퀴즈 '아무도 없습니다.'는 뭐라고 할까요?

>>>> 학습하기

회화에 나오는 단어

- いま　今　　　　　　　　　　지금
- どこ　　　　　　　　　　　　어디
- ロビー　　　　　　　　　　　로비
- います　　　　　　　　　　　있습니다
- まだ　　　　　　　　　　　　아직
- バス　　　　　　　　　　　　버스
- 〜のなか　〜の中　　　　　　〜의 안
- そうですか。　　　　　　　　그렇습니까

제9과 かんこくに います 205

- ☐ 〜に 　　　　　　　　　　　　　　〜에
- ☐ だれか　誰か　　　　　　　　　　누군가
- ☐ だれも　誰も　　　　　　　　　　아무도
- ☐ 〜だけ　　　　　　　　　　　　　〜만
- ☐ みんな　　　　　　　　　　　　　모두
- ☐ おそい　遅い　　　　　　　　　　늦다
- ☐ にもつ　荷物　　　　　　　　　　짐
- ☐ あ、よかった。あ、良かった　　　아. 다행이다

회화문

관광버스 안에서 사토 씨가 이 씨에게 전화를 거는 장면.
이 씨가 먼저 내려서 호텔 로비에 있고, 관광객 짐들도 로비에 있는 상황.

さとう イさん、いま どこですか。
사토: 이씨, 지금 어디입니까?

イ いま ロビーに います。さとうさんは どこですか。
이: 지금 로비에 있습니다. 사토 씨는 어디입니까?

さとう まだ バスの なかです。
사토: 아직 버스의 안입니다.

イ そうですか。バスに だれか いますか。
이: 그렇습니까. 버스에 누군가 있습니까?

さとう いいえ、だれも いません。わたしだけです。
사토: 아니요. 아무도 없습니다. 저만입니다.

イ そうですか。みんな おそいですね。
이: 그렇습니까. 모두 늦네요.

さとう そうですね。ロビーに わたしの にもつは ありますか。
사토: 그러네요. 로비에 저의 짐은 있습니까?

イ　　　はい、ありますよ。
이　　　네. 있어요.

さとう　あ、よかった。
사토　　아, 다행이다.

문형 학습하기

～が います/あります   ～이/가 있습니다

예 A：すずきさんの　くるまが　あります。 스즈키 씨의 차가 있습니다.
　　　B：すずきさんは、いますか。 스즈키 씨는 있습니까?
　　　A：すずきさんは、いません。 스즈키 씨는 없습니다

예 A：やまださんの　かばんが　あります。 야마다 씨의 가방이 있습니다.
　　　B：やまださんは、いますか。 야마다 씨는 있습니까?
　　　A：やまださんは、いません。 야마다 씨는 없습니다.

(장소)に います/あります   (장소)에 있습니다

예 A：くるまは、どこに　ありますか。 차는 어디에 있습니까?
　　　B：ちゅうしゃじょうに　あります。 주차장에 있습니다.

예 A：いま、どこですか。 지금 어디입니까?
　　　B：いま、いえに　います。 지금 집에 있습니다.

(위치)に います/あります   (위치)에 있습니다

옆	안	위	아래
横(よこ)	中(なか)	上(うえ)	下(した)
앞	뒤	오른 쪽	왼 쪽
前(まえ)	後(うしろ)	右(みぎ)	左(ひだり)

예 はこの　なかに　ねこが　います。 상자 안에 고양이가 있습니다.
예 つくえの　うえに　パソコンが　あります。 책상 위에 컴퓨터가 있습니다.
예 いすの　うしろに　かばんが　あります。 의자 뒤에 가방이 있습니다.
예 がっこうの　まえに　しょくどうが　あります。 학교 앞에 식당이 있습니다.

단어 はこ 상자　　　　　　　　　いす 의자
　　　　パソコン　PC, 컴퓨터 パーソナル・コンピューター 의 준말.
　　　　しょくどう　食堂　식당

■ いません/ありません　없습니다

예 だれも　いません。아무도 없습니다.
예 なにも　ありません。아무것도 없습니다.

단어 だれも　誰も　아무도　　　　なにも　何も　아무것도

にほんごのポイント 「あります」

여1 : あれ？　いもうとさんは、どこですか。어? 여동생 분은 어디에요?
여2 : いもうとは、いえに　あります。여동생은 집에 있어요.
여1 : あります？ あります？

「あります」는 물건이 「있습니다.」라는 뜻이다. 사람이나 동물에는 쓸 수 없으니 주의해야 한다. 사람이나 동물이 「있습니다.」라고 할 때는 「います」를 써야 한다.

>>>> 정리하기

문형 익히기

1) 위치를 나타내는 단어
   1 右(みぎ) 오른쪽
   2 左(ひだり) 왼쪽
   3 上(うえ) 위
   4 下(した) 아래
   5 前(まえ) 앞
   6 後(うしろ) 뒤
   7 中(なか) 안
   8 横(よこ) 옆

2) (위치)に います/あります。 (위치)에 있습니다.
   1 がっこうの まえに はなやさんが あります。 학교 앞에 꽃집이 있습니다.
   2 いすの よこに かばんが あります。 의자 옆에 가방이 있습니다.
   3 つくえの なかに きょうかしょが あります。 책상 안에 교과서가 있습니다.
   4 たなかさんの みぎに すずきさんが います。
      다나카 씨의 오른쪽에 스즈키 씨가 있습니다.
   5 たなかさんの ひだりに きむらさんが います。
      다나카 씨의 왼쪽에 기무라 씨가 있습니다.

   단어 はなやさん 花屋さん 꽃집   きょうかしょ 教科書 교과서

퀴즈 정답

➡ だれも いません。

말해 봅시다

1 ちちと ははと あねが ひとりと いもうとが ひとりいます。
 아빠와 엄마와 언니가 한 명과 여동생이 한 명 있습니다.

2 いいえ、パソコンは ありません。 아니요. 컴퓨터는 없습니다.

3 いま ロビーに います。 지금 로비에 있습니다.

제10과

私の一日
わたし いちにち

나의 하루

>>>> 들어가기

학습목표 1. 일본어 동사를 외웁시다.
　　　　　 2. 하루의 일과를 일본어로 말해 봅시다.

퀴즈 '7시에 일어난다.'는 뭐라고 할까요?

>>>> 학습하기

회화에 나오는 단어

☐ 一日(いちにち)　　　　　　　　　　　하루

☐ 起(お)きる　　　　　　　　　　　　　일어나다

☐ 朝(あさ)ごはんを食(た)べる　　　　　아침밥을 먹는다

☐ 出勤(しゅっきん)する　　　　　　　　출근한다

☐ 昼(ひる)ごはんを食(た)べる　　　　　점심밥을 먹는다

☐ コーヒーを飲(の)む　　　　　　　　　커피를 마신다

제10과 私の一日

- ☐ <ruby>運動<rt>うんどう</rt></ruby>をする   운동을 한다
- ☐ <ruby>買<rt>か</rt></ruby>い<ruby>物<rt>もの</rt></ruby>をする   쇼핑을 한다
- ☐ <ruby>晩<rt>ばん</rt></ruby>ごはんを<ruby>食<rt>た</rt></ruby>べる   저녁밥을 먹는다
- ☐ <ruby>テレビ<rt>てれび</rt></ruby>を<ruby>見<rt>み</rt></ruby>る   TV를 본다
- ☐ お<ruby>風呂<rt>ふろ</rt></ruby>に<ruby>入<rt>はい</rt></ruby>る   목욕을 한다
- ☐ <ruby>本<rt>ほん</rt></ruby>を<ruby>読<rt>よ</rt></ruby>む   책을 읽는다
- ☐ <ruby>寝<rt>ね</rt></ruby>る   자다

회화문

私の一日 나의 하루

7時に起きる。　　　　　　　　　　7시에 일어난다

8時に朝ごはんを食べる。　　　　　8시에 아침밥을 먹는다.

9時に出勤する。　　　　　　　　　9시에 출근을 한다.

12時に昼ごはんを食べる。　　　　　12시에 점심밥을 먹는다.

3時にコーヒーを飲む。　　　　　　3시에 커피를 마신다.

6時に運動をする。　　　　　　　　6시에 운동을 한다.

7時に買い物をする。　　　　　　　7시에 쇼핑을 한다.

8時に晩ごはんを食べる。　　　　　8시에 저녁밥을 먹는다.

9時にテレビを見る。　　　　　　　9시에 TV를 본다.

10時にお風呂に入る。　　　　　　　10시에 목욕을 한다.

11時に本を読む。　　　　　　　　　11시에 책을 읽는다.

12時に寝る。　　　　　　　　　　　12시에 잔다.

문형 학습하기

☐ 일본어 동사

기본형이 「う단」으로 끝난다.

쓰다　かく　ka-ku
마시다　のむ　no-mu
만나다　あう　a-u
기다리다　まつ　ma-tsu
이야기하다　はなす　ha-na-su
놀다　あそぶ　a-so-bu
자다　ねる　ne-ru

☐ 동사 활용

「〜ます」「〜た」「〜て」「〜ない」 등에 접속할 때 형태가 변한다.

聞く　듣다
聞きます　듣습니다
聞いた　들었다
聞いて　듣고/들어서
聞かない　듣지않다

☐ 동사 종류

활용 형태에 따라 동사를 세 가지로 구분한다.

★ 1그룹

1) 「る」로 끝나지 않는 동사는 무조건 1그룹.
   (う, く, す, つ, ぬ, ふ, む, ゆ로 끝나는 동사)

   行く　가다

   飲む　마시다

   聞く　듣다

   書く　쓰다

   読む　읽다

   買う　사다

   会う　만나다

   話す　이야기하다

2) 「る」로 끝나는 동사 중, 「る」 앞에 오는 모음이 「あ(a)、う(u)、お(o)」인 것.

   ・[a] :　あ[a]る　있다　　　　おわ[wa]る　끝나다
   ・[u] :　ふ[fu]る　(비, 눈이)내리다　おく[ku]る　보내다
   ・[o] :　と[to]る　잡다, (사진을) 찍다　もど[do]る　되돌아가다

〈예외!〉
「る」로 끝나고, 「る」 앞에 오는 모음이 「い(i), え(e)」임에도 1그룹으로 활용 하는 동사.
다음 8개 단어는 예외 동사로 외우기!

① 切る　자르다　　　② 走る　달리다
③ 知る　알다　　　　④ 帰る　돌아가다
⑤ 入る　들어가다　　⑥ 減る　줄다
⑦ 要る　필요하다　　⑧ ける　(발로)차다

★ 2그룹

「る」로 끝나는 동사 중, 「る」 앞에 오는 모음이 「い(i), え(e)」인 동사.

- ・〔i〕: み〔mi〕る　보다　　　　　　おき〔ki〕る　일어나다
- ・〔e〕: たべ〔be〕る　먹다　　　　　ね〔ne〕る　자다

★ 3그룹(불규칙 동사)

- 3그룹 동사는 「する 하다」와 「来る 오다」 두 개 밖에 없다
- 활용 규칙이 없기 때문에, 활용할 때마다 형태를 따로 외워야 한다.

① する　하다

　　勉強(を)する　공부(를) 하다
　　そうじ(を)する　청소(를) 하다
　　料理(を)する　요리(를) 하다

② 来る　오다

〉〉〉〉 정리하기

문형 익히기

1) 1그룹 동사

　1 学校に行く。 학교에 가다
　2 家に帰る。 집에 돌아가다
　3 ジュースを飲む。 주스를 마시다
　4 音楽を聞く。 음악을 듣다
　5 手紙を書く。 편지를 쓰다
　6 本を読む。 책을 읽다
　7 パンを買う。 빵을 사다
　8 友達と会う。 친구를 만나다
　9 先生と話す。 선생님과 이야기를 하다

　단어 *〔1〕- 1그룹동사, 〔2〕- 2그룹동사, 〔3〕- 3그룹동사.

行く 〔1〕 가다	帰る 〔1〕 돌아가다
飲む 〔1〕 마시다	聞く 〔1〕 듣다
書く 〔1〕 쓰다	読む 〔1〕 읽다
買う 〔1〕 사다	会う 〔1〕 만나다
話す 〔1〕 이야기하다	

2) 2그룹 동사

　1 ご飯を食べる。 밥을 먹다
　2 テレビを見る。 TV를 본다
　3 7時に起きる。 7시에 일어나다

4 １２時に寝る。 12시에 잔다

단어　食べる 〔2〕 먹다　　　　　見る 〔2〕 보다

　　　　　起きる 〔2〕 일어나다　　　寝る 〔2〕 자다

3) 3그룹 동사

　1 勉強をする。 공부를 한다
　2 友達が来る。 친구가 온다

단어　する 〔3〕 하다　　　　　来る 〔3〕 오다

퀴즈 정답

➡ ７時に起きる。

Clip 02

>>>> 들어가기

학습목표 취미에 대해서 말해 봅시다

퀴즈 '저의 취미는 드라이브를 하는 것입니다.'는 뭐라고 할까요?

>>>> 학습하기

회화에 나오는 단어

- ☐ しゅみ — 취미
- ☐ カフェ — 카페
- ☐ 色々な — 다양한
- ☐ ～こと — ～것
- ☐ ～が好きです — ～을/를 좋아합니다
- ☐ ドライブ — 드라이브

- ☐ 休日(きゅうじつ) 　　　　　　　　휴일
- ☐ 車(くるま) 　　　　　　　　　　차
- ☐ よく 　　　　　　　　　　　　자주
- ☐ 温泉(おんせん) 　　　　　　　　온천

회화문

さとう イさんのしゅみは、何ですか。
사토 이씨의 취미는 무엇입니까?

イ しゅみは、カフェに行くことです。いろいろなカフェに行くことが好きです。
이 취미는 카페에 가는 것입니다. 다양한 카페에 가는 것을 좋아합니다.

さとう そうなんですか。
사토 그렇습니까

イ はい。さとうさんのしゅみは何ですか。
이 네. 사토씨의 취미는 무엇입니까?

さとう 私のしゅみは、ドライブをすることです。休日は車でよく温泉に行きます。
사토 저의 취미는 드라이브를 하는 것입니다. 휴일은 차로 자주 온천에 갑니다.

제10과 私の一日 225

문형 학습하기

～ことです ～것입니다

동사의 보통형에 「ことです」를 붙인다.

예

しゅみは　写真をとる　　　　　　　　　　취미는 사진을 찍는 것입니다.
　　　　　山に登る　　　　　　　　　　　취미는 산에 오르는 것입니다.
　　　　　旅行に行く　　ことです。　　　　취미는 여행을 가는 것입니다.
　　　　　本を読む　　　　　　　　　　　취미는 책을 읽는 것입니다.
　　　　　ゴルフをする　　　　　　　　　취미는 골프를 하는 것입니다.
　　　　　音楽を聞く　　　　　　　　　　취미는 음악을 듣는 것입니다.

단어　写真をとる 사진을 찍다　　　　山に登る 산에 오르다
　　　　旅行に行く 여행을 가다　　　　本を読む 책을 읽다
　　　　ゴルフをする 골프를 하다　　　音楽を聞く 음악을 듣다

～ことが好きです ～것을 좋아합니다

예　いろいろな国を旅行することが好きです。 다양한 국가를 여행하는 것을 좋아합니다.
예　日本のドラマをみることが好きです。 일본의 드라마를 보는 것을 좋아합니다.

단어　旅行する 여행하다　　　　　ドラマをみる 드라마를 보다

》》》 정리하기

문형 익히기

1) ～ことです ～것입니다

    1 A：しゅみは、何ですか。 취미는 무엇입니까?
      B：ゴルフをすることです。 골프를 하는 것입니다.
    2 私のしゅみは、音楽を聞くことです。 저의 취미는 음악을 듣는 것입니다.
    3 私のしゅみは、映画をみることです。 저의 취미는 영화를 보는 것입니다.

    단어 ゴルフをする 골프를 하다   音楽を聞く 음악을 듣다
          映画をみる 영화를 보다

2) ～ことが好きです ～것을 좋아합니다.

    1 ゲームをすることが好きです。 게임을 하는 것을 좋아합니다.
    2 絵をかくことが好きです。 그림을 그리는 것을 좋아합니다.
    3 歌を歌うことが好きです。 노래를 부르는 것을 좋아합니다

    단어 ゲーム 게임   絵をかく 그림을 그리다
          歌を歌う 노래를 부르다

퀴즈 정답

➡ 私のしゅみは、ドライブをすることです。

제10과 私の一日

〉〉〉〉 들어가기

학습목표 동사 'ます형'을 사용해서 '〜입니다'라는 표현을 만들어 봅시다.

퀴즈 '아침 9시에 출발합니다.'는 뭐라고 할까요?

〉〉〉〉 학습하기

회화에 나오는 단어

- ☐ 何時(なんじ) — 몇 시
- ☐ 出発(しゅっぱつ)する — 〔3〕 출발하다
- ☐ 出発(しゅっぱつ)します — 출발합니다
- ☐ 朝(あさ)ごはん — 아침밥
- ☐ どうしますか — 어떻게 합니까?
- ☐ 家(いえ) — 집

- ☐ 食(た)べる 〔2〕 먹다
- ☐ 食(た)べます 먹습니다
- ☐ バ(ばす)スで行(い)く 버스로 갑니다
- ☐ 〜ので 〜때문에, 〜라서
- ☐ 駅(えき) 역
- ☐ リ(りは)ハーサ(さる)ル 리허설
- ☐ 終(お)わる 〔1〕 끝나다
- ☐ 終(お)わります 끝납니다
- ☐ それから 그리고 나서
- ☐ みんなで 다 같이
- ☐ 公園(こうえん) 공원
- ☐ 行(い)く 〔1〕 가다
- ☐ 行(い)きます 갑니다
- ☐ お弁当(べんとう) 도시락

회화문

イ さとうさんは明日、何時に出発しますか。
이　　사토씨는 내일 몇 시에 출발합니까?

さとう 朝9時に出発します。
사토　　아침 9시에 출발합니다.

イ 朝ごはんは、どうしますか。
이　　아침밥은 어떻게 합니까?

さとう ごはんは、家で食べます。イさんは、どうしますか。
사토　　밥은 집에서 먹습니다. 이씨는 어떻게 합니까?

イ 私はバスで行くので、8時に出発します。朝ごはんは、駅で食べます。
이　　저는 버스로 가기에 8시에 출발합니다. 아침밥은 역에서 먹습니다.

さとう そうですか。何時からリハーサルですか。
사토　　그렇습니까. 몇 시부터 리허설입니까?

イ 10時からです。
이　　10시부터입니다.

さとう リハーサルは何時に終わりますか。
사토　　리허설은 몇 시에 끝납니까?

イ 12時に終わります。それから、みんなで公園に行きます。公園でお弁当を食べます。

이 12시에 끝납니다. 그리고 나서 다 같이 공원에 갑니다. 공원에서 도시락을 먹습니다.

문형 학습하기

■ 동사 'ます형' 이란

- 동사에 'ます'가 붙으면 정중한 표현이 된다. 이 때 동사는 형태를 바꿔야 하는데, 그 변한 형태를 'ます형'이라고 한다.
- ます형은 동사의 종류에 따라 만드는 법이 다르다.

■ ます형 만드는 법

★ 1그룹

어미를 「い」단으로 바꾼 뒤 「ます」를 붙인다.

예 行く 가다 → 行き ます 갑니다

```
か き く け こ
   ↑
  「い」단
```

まつ	기다리다	→	まちます	기다립니다
あそぶ	놀다	→	あそびます	놉니다
はなす	이야기하다	→	はなします	이야기합니다

【예외 동사】

① 切る 자르다 → 切ります 자릅니다
② 走る 달리다 → 走ります 달립니다
③ 知る 알다 → 知ります 압니다
④ 帰る 돌아가다 → 帰ります 돌아갑니다
⑤ 入る 들어가다 → 入ります 들어갑니다
⑥ 減る 줄다 → 減ります 줄입니다

⑦ 要る　필요하다　→　要ります　필요합니다
⑧ ける　(발로)차다　→　けります　찹니다

TIP　「知る」의 ます형은 「知ります」이지만, 실제로 쓰이는 말은 「知っています。」라고 한다.

★ 2그룹
어미의 「る」를 떼고 「ます」를 붙인다.

예　起きる　일어나다　→起き る ＋ます　→　起きます　일어납니다

食べる	먹다	→	食べます	먹습니다
見る	보다	→	見ます	봅니다
寝る	자다	→	寝ます	잡니다

★ 3그룹
1) する　하다　→　します　합니다

예　勉強をする　공부를 하다　→　勉強をします　공부를 합니다

2) 来る　오다　→　来ます　옵니다

TIP　「来る 오다」는 같은 한자 '来'임에도 발음이 「来ます 옵니다」로 바뀐다.

예　友達が来る　친구가 오다　→　友達が来ます　친구가 옵니다

にほんごのポイント 帰ります

여1 : **なんじに かえますか。**（시계 보고 벌써 5시네.) 아, 몇시에 집에 가요?
여2 : **かえます？ かえます？**

'(집에)돌아갑니다'
  × かえます
  ○ かえります

'(집에)돌아가다'「帰る」는 모양은 2그룹이지만 1그룹으로 활용하는 예외 동사이다.

1그룹이기 때문에 '돌아갑니다'는 '帰ります 돌아갑니다'가 된다.

참고로 'かえます'는 2그룹 동사인 '바꾸다-**変える**'의 ます형 '바꿉니다'라는 뜻이 된다.

>>>> 정리하기

문형 익히기

1) ～ます ～입니다.

1 明日は 休みます。 내일은 쉽니다.

2 家で テレビを 見ます。 집에서 TV를 봅니다.

3 集まりに 参加します。 모임에 참석합니다.

단어
休む〔1〕쉬다　　　　　参加する〔3〕참가하다
テレビ TV　　　　　　集まり 모임

퀴즈 정답

➡ 朝9時に出発します。

말해 봅시다

1 8時に朝ごはんを食べる。 8시에 아침밥을 먹는다.

2 さとうさんのしゅみは何ですか。 사토씨의 취미는 무엇입니까?

3 公園でお弁当を食べます。 공원에서 도시락을 먹습니다.

제11과

予約しました

예약했습니다

>>>> 들어가기

학습목표　1. 여행의 준비를 해보자
　　　　　　2. 「～ました」를 써보자

퀴즈　'비행기의 티켓은 구했습니까?'는 뭐라고 할까요?

>>>> 학습하기

회화에 나오는 단어

☐ 旅行(りょこう)　　　　　　여행

☐ 準備(じゅんび)　　　　　　준비

☐ 日程(にってい)　　　　　　일정

☐ 8月1日(はちがつついたち)　8월 1일

☐ 8月6日(はちがつむいか)　　8월 6일

☐ 期間(きかん)　　　　　　　기간

제11과 予約しました 239

☐	5泊6日	5박 6일
☐	行き先	목적지
☐	北海道	홋카이도
☐	飛行機	비행기
☐	チケット	티켓
☐	取る	〔1〕잡다, 들다, 쥐다
☐	チケットを取る	티켓을 구하다
☐	ホテル	호텔
☐	予約する	〔3〕예약하다
☐	レンタカー	렌트카
☐	観光地	관광지
☐	調べる	〔2〕조사하다
☐	電車の時間	전차의 시간
☐	お店	가게
☐	探す	〔1〕찾다
☐	今度	이번
☐	夏休み	여름방학

- ☐ 長い 길다
- ☐ 楽しみです 기대됩니다
- ☐ どこで 어디서
- ☐ 泊まる 〔1〕묵다
- ☐ 〜んですか 〜 입니까?
- ☐ 札幌 삿포로
- ☐ 函館 하코다테
- ☐ 旅館 여관

회화문

旅行の準備 여행의 준비

日程：8月1日から8月6日まで	일정：8월 1일부터 8월 6일까지
期間：5泊6日	기간：5박 6일
行き先：北海道	목적지：홋카이도
✓ 飛行機のチケットを取る。	비행기의 티켓을 구한다.
✓ ホテルを予約する。	호텔을 예약한다.
✓ レンタカーを予約する。	렌트카를 예약한다.
✓ 観光地を調べる。	관광지를 조사한다.
✓ 電車の時間を調べる。	전차의 시간을 조사한다.
✓ お店を探す。	가게를 찾는다.

イ 今度の夏休みに北海道へ行きます。
이 이번의 여름방학에 홋카이도에 갑니다.

さとう そうですか。いいですね。いつ行くんですか。
사토 그렇습니까. 좋네요. 언제 갑니까?

イ 8月1日から6日までです。
이 8월 1일부터 6일까지입니다.

さとう 5泊6日ですか。長いですね。

サト　　　5박 6일입니까? 기네요.

イ　　　はい。楽しみです
이　　　네. 기대되요.

さとう　　飛行機のチケットは取りましたか。
사토　　　비행기의 티켓은 구했습니까?

イ　　　はい、取りました。レンタカーも予約しました。
이　　　네. 구했습니다. 렌터카도 예약했습니다.

さとう　　そうですか。どこで泊まるんですか。
사토　　　그렇습니까. 어디서 묵습니까?

イ　　　札幌のホテルと函館の旅館を予約しました。
이　　　삿포로의 호텔과 하코다테의 여관을 예약했습니다.

さとう　　そうですか。楽しみですね。
사토　　　그렇습니까. 기대되네요.

문형 학습하기

■ 동사 과거형 : 동사 ます형+ました   ~했습니다

★ 1그룹

예 行く 가다 → 行き+ます → 行き+ました → 行きました。 갔습니다.

飲む	마시다	→	飲み	ました	마셨습니다
聞く	듣다	→	聞き	ました	들었습니다
書く	쓰다	→	書き	ました	썼습니다
読む	읽다	→	読み	ました	읽었습니다
買う	사다	→	買い	ました	샀습니다
会う	만나다	→	会い	ました	만났습니다
話す	이야기하다	→	話し	ました	이야기했습니다

TIP 예외 동사

① 切る 자르다 → 切りました 잘랐습니다
② 走る 달리다 → 走りました 달렸습니다
③ 知る 알다 → 知りました 알았습니다
④ 帰る 돌아가다 → 帰りました 돌아갔습니다
⑤ 入る 들어가다 → 入りました 들어갔습니다
⑥ 減る 줄다 → 減りました 줄었습니다
⑦ 要る 필요하다 → 要りました 필요했습니다
⑧ ける (발로)차다 → けりました 찼습니다

★ 2그룹

예 起きる 일어나다 → 起きる + ました → 起きました 일어났습니다

食べる	먹다	→	食べました	먹었습니다
見る	보다	→	見ました	보았습니다
寝る	자다	→	寝ました	잤습니다

★ 3그룹

1) する 하다 → しました 했습니다

   예 勉強をする 공부를 하다 → 勉強をしました 공부를 했습니다

2) 来る 오다 → 来ました 왔습니다

   예 友達が来る 친구가 오다 → 友達が来ました 친구가 왔습니다

にほんごのポイント '分かりました'

'알겠습니다.'는 '×分かります'라고 하지 않고, 과거형으로 '分かりました'라고 한다.

A : ヨンサン駅の1番出口で会いましょう。 용산역 1번 출구에서 만납시다.
B : 分かりました。 알겠습니다.

□ 과거 의문형 : 동사 ます형 + ましたか ~했습니까?

예 行く → 行き＋ます → 行き＋ましたか → 行きましたか。 갔습니까?

· どれぐらい 待ちましたか。 얼마나 기다렸습니까?
· お昼は、食べましたか。 점심은 먹었습니까?
· 宿題は、しましたか。 숙제는 했습니까?

단어 どれぐらい(どれくらい) 얼마나, 어느 정도

お昼 점심   宿題 숙제

〉〉〉〉 정리하기

문형 익히기

1) 동사 ます형＋ました。 ~했습니다

   1 連休は、家にずっといました。 연휴에는 집에 계속 있었습니다.
   2 田中さんはもう家に帰りました。 다나카씨는 벌써 집에 돌아갔습니다.
   3 昨日、図書館で本を借りました。 어제, 도서관에서 책을 빌렸습니다.

2) 동사 ます형＋ましたか。 ~했습니까?

   1 この本を読みましたか。 이 책을 읽었습니까?
   2 昨日は何時に寝ましたか。 어제는 몇 시에 잤습니까?
   3 行事に参加しましたか。 행사에 참가했습니까?

   단어 昨日 어제   行事 행사

퀴즈 정답

➡ 飛行機のチケットは取りましたか。

Clip 02

〉〉〉〉 들어가기

학습목표 여행의 소감을 말해 봅시다.

퀴즈 '비는 내리지 않았습니까?'는 뭐라고 할까요?

〉〉〉〉 학습하기

회화에 나오는 단어

- ☐ 北海道(ほっかいどう) — 홋카이도
- ☐ お土産(みやげ) — 기념품
- ☐ チーズ(ちず) — 치즈
- ☐ 牧場(ぼくじょう) — 목장
- ☐ 買(か)う — 〔1〕 사다
- ☐ 買(か)いました — 샀습니다

☐ 旅行（りょこう）	여행
☐ どうでしたか。	어땠습니까?
☐ すごく	굉장히
☐ 良（よ）かったです	좋았습니다
☐ 地元（じもと）の人（ひと）	현지인
☐ とても	매우
☐ 親切（しんせつ）	친절
☐ 親切（しんせつ）でした	친절했습니다
☐ 雨（あめ）	비
☐ 降（ふ）る	〔1〕（비/눈）내리다
☐ 降（ふ）りませんでした	내리지 않았습니다
☐ 天気（てんき）	날씨
☐ いい(良（よ）い)	좋다
☐ ラベンダー（らべんだー）	라벤더
☐ 見（み）に行（い）く	보러 가다
☐ それは良（よ）かったですね	그것은 다행이네요

회화문

イ	これ、北海道のお土産です。
이	이거, 홋카이도의 기념품입니다.

さとう	ありがとうございます。チーズですね。
사토	고맙습니다. 치즈네요.

イ	はい、牧場で買いました。
이	네. 목장에서 샀습니다.

さとう	旅行は、どうでしたか。
사토	여행은 어땠습니까?

イ	すごく良かったです。地元の人がとても親切でした。
이	굉장히 좋았습니다. 현지인이 매우 친절했습니다.

さとう	そうですか。雨は降りませんでしたか。
사토	그렇습니까. 비는 내리지 않았습니까?

イ	はい、降りませんでした。天気が良くて、ラベンダーを見に行きました。
이	네. 내리지 않았습니다. 날씨가 좋아서 라벤더를 보러 갔습니다.

さとう	それは良かったですね。
사토	그것은 다행이네요.

문형 학습하기

■ 동사 ます형+ませんでした   ~하지 않았습니다.

★ 1그룹

예 行く 가다 → 行き + ます → 行き + ませんでした
→ 行きませんでした。 가지 않았습니다.

飲む	마시다	→	飲み	ませんでした	마시지 않았습니다.
聞く	듣다	→	聞き	ませんでした	듣지 않았습니다.
書く	쓰다	→	書き	ませんでした	쓰지 않았습니다.
読む	읽다	→	読み	ませんでした	읽지 않았습니다.
買う	사다	→	買い	ませんでした	사지 않았습니다.
会う	만나다	→	会い	ませんでした	만나지 않았습니다.
話す	이야기하다	→	話し	ませんでした	이야기하지 않았습니다.

★ 2그룹

예 起きる 일어나다 → 起きる + ませんでした
→ 起きませんでした 일어나지 않았습니다.

食べる	먹다	→	食べ	ませんでした	먹지 않았습니다.
見る	보다	→	見	ませんでした	보지 않았습니다.
寝る	자다	→	寝	ませんでした	자지 않았습니다.

★ 3그룹

1) する 하다 → しませんでした 하지 않았습니다.

　　예　勉強をする 공부를 하다 → 勉強をしませんでした 공부를 하지 않았습니다

2) 来る 오다 → 来ませんでした 오지 않았습니다

　　예　友達が来る 친구가 오다 → 友達が来ませんでした 친구가 오지 않았습니다

■ 동사 ます형 + に いきます ~하러 갑니다

　　예　飲む 마시다 → 飲み＋ます → 飲み＋に いきます

　　　　→ 飲みに いきます 마시러 갑니다

　　예　A：土曜日は何をしますか。 토요일은 무엇을 합니까?
　　　　　B：映画を見にいきます。 영화를 보러 갑니다.
　　　　　　 公園へ遊びにいきます。 공원에 놀러 갑니다.

★ 1그룹

聞く	듣다	→	聞き に いきます	들으러 갑니다.
書く	쓰다	→	書き に いきます	쓰러 갑니다.
読む	읽다	→	読み に いきます	읽으러 갑니다.
買う	사다	→	買い に いきます	사러 갑니다.
会う	만나다	→	会い に いきます	만나러 갑니다.
話す	이야기하다	→	話し に いきます	이야기하러 갑니다.

★ 2그룹

食べる	먹다	→	食べ に いきます	먹으러 갑니다.
見る	보다	→	見 に いきます	보러 갑니다.
寝る	자다	→	寝 に いきます	자러 갑니다.

★3 그룹

する 하다 → し に いきます 하러 갑니다

勉強をする　　　공부를 하다　　→　　勉強をし に いきます　　공부를 하러 갑니다

そうじをする　　청소를 하다　　→　　そうじをし に いきます　　청소를 하러 갑니다

정리하기

문형 익히기

1) 동사 ます형＋ませんでした。 ~하지 않았습니다.

　① どこにも行きませんでした。 어디도 가지 않았습니다.
　② だれもいませんでした。 아무도 없었습니다.
　③ 田中さんは、来ませんでした。 다나카 씨는 오지 않았습니다.

2) 동사 ます형＋にいきます。 ~하러 갑니다.

　① パンを買いにいきます。 빵을 사러 갑니다.
　② 夕食を食べにいきます。 저녁을 먹으러 갑니다.
　③ 運動をしにいきます。 운동을 하러 갑니다.

퀴즈 정답

➡ 雨は降りませんでしたか。

03 Clip

>>>> 들어가기

학습목표
1. 하고 싶은 것에 대해서 말해 봅시다.
2. 「～たいです」를 사용 해 봅시다.

퀴즈 '어디에 가고 싶습니까?'는 뭐라고 할까요?

>>>> 학습하기

회화에 나오는 단어

☐ 次(つぎ)	다음
☐ 行(い)く	〔1〕가다
☐ 行(い)きたい	가고 싶다
☐ 九州(きゅうしゅう)	규슈
☐ したい	하고싶다
☐ 温泉(おんせん)	온천

제11과 予約しました

☐	有名(ゆうめい)	유명하다
☐	たくさん	많이
☐	ある	〔1〕 있다
☐	あります	있습니다
☐	それから	그리고
☐	海鮮料理(かいせんりょうり)	해물요리
☐	食(た)べる	〔2〕 먹다
☐	食(た)べたい	먹고 싶다
☐	ラーメン(ら　めん)	라멘
☐	〜も	〜도
☐	おいしい	맛있다

회화문

さとう 次は、どこに行きたいですか。
사토 다음은 어디에 가고 싶습니까?

イ そうですね。九州に行きたいです。
이 글쎄요. 규슈에 가고 싶습니다.

さとう そうですか。九州で何がしたいですか。
사토 그렇습니까. 규슈에서 무엇이 하고 싶습니까?

イ 温泉に行きたいです。
이 온천에 가고 싶습니다.

さとう そうですか。九州は、有名な温泉がたくさんありますよ。
사토 그렇습니까. 규슈는 유명한 온천이 많이 있어요.

イ それから海鮮料理をたくさん食べたいです。
이 그리고 해물요리를 많이 먹고 싶습니다.

さとう 九州はラーメンもおいしいですよ。
사토 규슈는 라멘도 맛있어요.

イ ラーメンも食べたいです。
이 라멘도 먹고 싶습니다.

문형 학습하기

■ 동사 ます형+たいです ~하고 싶습니다.

예 行く 가다 → 行き + ます → 行き + たいです
　　→ 行きたいです。 가고 싶습니다

예 A：どこに行きたいですか。 어디에 가고 싶습니까?
　　B：北海道に行きたいです。 홋카이도에 가고 싶습니다.

★ 1그룹

聞く	듣다	→	聞き	たいです	듣고 싶습니다
書く	쓰다	→	書き	たいです	쓰고 싶습니다
読む	읽다	→	読み	たいです	읽고 싶습니다
買う	사다	→	買い	たいです	사고 싶습니다
会う	만나다	→	会い	たいです	만나고 싶습니다
話す	이야기하다	→	話し	たいです	이야기하고 싶습니다

★ 2그룹

食べる	먹다	→	食べ	たいです	먹고 싶습니다
見る	보다	→	見	たいです	보고 싶습니다
寝る	자다	→	寝	たいです	자고 싶습니다

★ 3그룹

1) する 하다 → したいです 하고 싶습니다

| 勉強をする | 공부를 하다 | → | 勉強をし | たいです | 공부를 하고 싶습니다 |
| そうじをする | 청소를 하다 | → | そうじをし | たいです | 청소를 하고 싶습니다 |

2) 来る　오다　→　来たいです　오고 싶습니다

　예　早く帰りたいです。빨리 (집에)돌아가고 싶습니다.

　예　かみを切りたいです。머리카락을 자르고 싶습니다.

　예　海で泳ぎたいです。바다에서 수영하고 싶습니다.

　단어　早く　빨리　　　　　　　かみ　髪　머리카락

　　　　海　바다　　　　　　　　泳ぐ　〔1〕수영하다, 헤엄치다

〉〉〉〉 정리하기

문형 익히기

1) 동사 ます형+たいです。 ~하고 싶습니다.

　1　A：今（いま）一番（いちばん）何（なに）がしたいですか。 지금 가장 무엇을 하고 싶습니까?

　　　B：旅行（りょこう）に行（い）きたいです。 여행 가고 싶습니다.

　2　先生（せんせい）と話（はな）したいです。 선생님과 이야기하고 싶습니다.

　3　ゲーム（げーむ）がしたいです。 게임이 하고 싶습니다.

단어　ゲーム（げーむ） 게임

퀴즈 정답

➡ どこに行（い）きたいですか。

말해 봅시다

1　レンタカー（れんたか）を予約（よやく）しました。 렌터카를 예약했습니다.
2　雨（あめ）は降（ふ）りませんでした。 비는 내리지 않았습니다.
3　温泉（おんせん）に行（い）きたいです。 온천에 가고싶습니다.

제12과

帰りましょう

(집에)돌아갑시다

Clip 01

>>>> 들어가기

학습목표
1. '(같이/제가) 할까요?' 라는 일본어 표현을 배웁시다.
2. 「〜ましょう。」「〜ましょうか。」를 사용 해 봅시다.

퀴즈 '창문을 열까요?'는 뭐라고 할까요?

>>>> 학습하기

회화에 나오는 단어

☐ ちょっと	좀
☐ 暑い	덥다
☐ そうですね	그러네요
☐ まど	창문
☐ 開ける	〔2〕열다
☐ 開けましょうか	열까요?

제12과 帰りましょう

- ☐ 5時(ごじ) — 5시
- ☐ 帰(かえ)る — 〔1〕 돌아가다, 집에가다
- ☐ 帰(かえ)ります — 돌아갑니다, 집에가다
- ☐ もう — 벌써
- ☐ そろそろ — 슬슬
- ☐ 帰(かえ)りましょうか — 돌아갈까요?
- ☐ 駅(えき) — 역
- ☐ 送る — 〔1〕 보내다, 바래다주다
- ☐ 送(おく)りましょうか — 바래다 줄까요?
- ☐ 車(くるま) — 차
- ☐ 来る — 〔3〕 오다
- ☐ 来(き)ました — 왔습니다
- ☐ また明日(あした) — 내일 봐요
- ☐ おつかれさまでした — 수고하셨습니다

회화문

イ ちょっと暑いですね。
이　　좀 덥네요.

さとう そうですね。まどを開けましょうか。
사토　　그러네요. 창문을 열까요?

イ はい。今日は何時に帰りますか。
이　　네. 오늘은 몇 시에 집에 갑니까?

さとう 今日は5時に帰ります。あ、もう5時ですね。そろそろ帰りましょうか。
사토　　오늘은 5시에 집에 갑니다. 아, 벌써 5시네요. 슬슬 집에 갈까요?

イ そうですね。帰りましょう。
이　　그러네요. 집에 갑시다.

さとう 駅まで送りましょうか。
사토　　역까지 바래다줄까요?

イ あ、さとうさんも今日は車ですか。私も今日は車で来ました。
이　　아, 사토씨도 오늘은 차입니까? 저도 오늘은 차로 왔습니다.

さとう そうですか。じゃあ、また明日。
사토　　그렇습니까. 그럼 내일 봐요.

イ はい、おつかれさまでした。
이　　네. 수고하셨습니다.

문형 학습하기

☐ 동사 ます형+ましょう　~합시다

「~ましょう」는 적극적으로 권유할 때 사용하는 표현이다.

예　いっしょに行きましょう。 같이 갑시다.

예　いっしょに帰りましょう。 같이 돌아갑시다.

예　いっしょに参加しましょう。 같이 참가합니다.

단어　いっしょに　같이

★ 1그룹

예　行く　가다 → 行き + ます → 行き + ましょう → 行きましょう。 갑시다

飲む	마시다	→	飲み ましょう	마십시다.
聞く	듣다	→	聞き ましょう	들읍시다
書く	쓰다	→	書き ましょう	씁시다
読む	읽다	→	読み ましょう	읽읍시다
買う	사다	→	買い ましょう	삽시다
会う	만나다	→	会い ましょう	만납시다
話す	이야기하다	→	話し ましょう	이야기합시다

★ 2그룹

예　起きる　일어나다 → 起きる + ましょう → 起きましょう　일어납시다

食べる	먹다	→	食べ ましょう	먹읍시다
見る	보다	→	見 ましょう	봅시다
寝る	자다	→	寝 ましょう	잡시다

★ 3그룹

1) する 하다 → しましょう 합시다

   예 勉強をする 공부를 하다 → 勉強をしましょう 공부를 합시다

2) 来る 오다 → 来ましょう 옵시다

■ 동사 ます형+ましょうか (함께)~할까요?

   예 ちょっと休みましょうか。 좀 쉴까요?
   예 そろそろ出発しましょうか。 슬슬 출발할까요?
   예 A：何を食べましょうか。 무엇을 먹을까요?
       B：なんでもいいですよ。 아무거나 좋아요.

   단어 休む 〔1〕 쉬다   出発する 〔3〕 출발하다

■ 동사 ます형+ましょうか (제가)~할까요?

   예 まどを閉めましょうか。 (제가) 창문을 닫을까요?
   예 私が案内しましょうか。 제가 안내할까요?

   단어 閉める 〔2〕 닫다   案内する 〔3〕 안내하다

제12과 帰りましょう 267

>>>> 정리하기

문형 익히기

1) 동사 ます형＋ましょう。 ~합시다.

   1 毎日運動しましょう。 매일 운동합시다.

   2 お水をたくさん飲みましょう。 물을 많이 마십시다.

   3 夜は早く寝ましょう。 밤에는 일찍 잡시다.

   단어 たくさん 많이　　　　　　　　夜 밤

2) 동사 ます형＋ましょうか （함께) ~할까요?

   1 A：ラーメンでも食べましょうか。 라면이라도 먹을까요?
      B：いいですね。そうしましょう。 좋네요. 그렇게 해요.

   2 A：明日は、どこで会いましょうか。 내일은 어디서 만날까요?
      B：どこでもいいですよ。 어디든 괜찮아요.

   단어 ~でも ~라도　　　　　　　　どこでも 어디든

퀴즈 정답

➡ 窓を開けましょうか。

Clip 02

>>>> 들어가기

학습목표 1. 시간과 장소를 정해 만나는 약속을 해 봅시다.
2. 「〜ませんか」를 사용 해 봅시다.

퀴즈 '내일 같이 저녁을 먹으러 가지 않겠습니까?'는 뭐라고 할까요?

>>>> 학습하기

회화에 나오는 단어

☐ いっしょに	같이
☐ 夕食(ゆうしょく)	저녁
☐ 行(い)く	〔1〕 가다
☐ 行(い)きませんか	가지 않겠습니까?
☐ じゃあ	그럼
☐ 何時(なんじ)	몇 시

제12과 帰りましょう

☐ 会（あ）う	〔1〕 만나다
☐ 会（あ）いましょうか	만날까요?
☐ どうですか。	어디인가요?
☐ どこで	어디서
☐ デパート（でぱ）の前（まえ）	백화점 앞
☐ イタリアンレストラン（いたりあんれすとらん）	이탈리안 레스토랑
☐ 5階（ごかい）	5층
☐ そうしましょう	그렇게 합시다

회화문

イ 明日いっしょに夕食を食べに行きませんか。
이 　내일 같이 저녁 먹으러 가지 않겠습니까?

さとう いいですよ。
사토 　좋아요.

イ じゃあ、何時に会いましょうか。
이 　그럼, 몇 시에 만날까요?

さとう そうですね。6時はどうですか。
사토 　그러게요. 6시는 어떻습니까?

イ いいですよ。どこで会いましょうか。
이 　좋아요. 어디서 만날까요?

さとう デパートの前はどうですか。
사토 　백화점 앞은 어떻습니까?

イ いいですよ。何を食べに行きましょうか。
이 　좋아요. 무엇을 먹으러 갈까요?

さとう イタリアンレストランはどうですか。デパートの5階にあります。
사토 　이탈리안 레스토랑은 어떻습니까? 백화점 5층에 있습니다.

イ そうしましょう。
이 　그렇게 합시다

| 문형 학습하기 |

☐ 동사 ます형+ませんか　～하지 않겠습니까? (권유)

★ 1그룹

예　行く　가다　→　行き + ます　→　行き + ませんか
　　　→　行きませんか。가지 않겠습니까?

飲む	마시다	→	飲み	ませんか	마시지 않겠습니까? 마실래요?
聞く	듣다	→	聞き	ませんか	듣지 않겠습니까? 들을래요?
書く	쓰다	→	書き	ませんか	쓰지 않겠습니까? 쓸래요?
読む	읽다	→	読み	ませんか	읽지 않겠습니까? 읽을래요?
買う	사다	→	買い	ませんか	사지 않겠습니까? 살래요?
会う	만나다	→	会い	ませんか	만나지 않겠습니까? 만날래요?
話す	이야기하다	→	話し	ませんか	이야기하지 않겠습니까? 이야기 할래요?

★ 2그룹

예　起きる　일어나다　→　起きる + ませんか
　　　→　起きませんか　일어나지 않겠습니까? 일어날래요?

食べる	먹다	→	食べ	ませんか	먹지 않겠습니까? 먹지 않을래요?
見る	보다	→	見	ませんか	보지 않겠습니까? 보지 않을래요?
寝る	자다	→	寝	ませんか	자지 않겠습니까? 자지 않을래요?

★ 3그룹

1) する　하다　→　しませんか　하지 않겠습니까? 하지 않을래요?

예　勉強をする　공부를 하다
　　　→　勉強をしませんか。공부를 하지 않겠습니까? 공부를 하지 않을래요?

2) 来る 오다 → 来ませんか 오지 않겠습니까? 오지 않을래요?

> 예 A：おすしでも食べに行きませんか。 초밥이라도 먹으러 가지 않을래요?
> B：いいですよ。 좋아요.

> 예 A：うちに来ませんか。 집에 오지 않을래요?
> B：いいですよ。 좋아요.

> 예 A：コーヒー飲みませんか。 커피 마시지 않을래요?
> B：いえ、だいじょうぶです。 아니요, 괜찮아요.

■ 응답 표현

권유를 승낙할 때
· いいですよ。 좋아요

권유를 거절할 때
· いえ、いいです。 아니요, 괜찮아요.
· いえ、だいじょうぶです。 아니요, 괜찮아요.

にほんごのポイント 家(いえ/うち) 집

いえ：건물로서의 집을 가리킴.
うち：나의 집, 나의 가족을 가리킴. 꼭 「나의」 라는 의미가 포함되어야 함.

> 예 ○ うちの母 우리 어머니
> × 家の母

> 예 ○ 駅から近い家を探しています。 역에서 가까운 집을 찾고 있습니다.
> × 駅から近いうちを探しています。

제12과 帰りましょう 273

〔연습〕 한국어 문장을 일본어로 바꿔 보세요.

> **예** 노래를 부르다. 歌(うた)を歌(うた)う
>
> 1) 노래를 부릅시다. 歌(うた)を歌(うた)い**ましょう**。
>
> 2) 노래를 부를까요? 歌(うた)を歌(うた)い**ましょうか**。
>
> 3) 노래를 부르지 않겠습니까? 歌(うた)を歌(うた)い**ませんか**。

1. 사진을 찍다　写真(しゃしん)をとる

    1) 사진을 찍읍시다.

    2) 사진을 찍을까요?

    3) 사진을 찍지 않겠습니까?

2. 일본어로 이야기하다　日本語(にほんご)で話(はな)す

    1) 일본어로 이야기합시다.

    2) 일본어로 이야기할까요?

    3) 일본어로 이야기하지 않겠습니까?

3. 호텔에서 식사를 하다　ホテルで食事(しょくじ)をする

    1) 호텔에서 식사를 합시다.

    2) 호텔에서 식사를 할까요?

    3) 호텔에서 식사를 하지 않겠습니까?

4. 토요일에 만나다　土曜日に会う

　　1) 토요일에 만납시다.

　　2) 토요일에 만날까요?

　　3) 토요일에 만나지 않겠습니까?

5. 라면을 먹다　ラーメンを食べる

　　1) 라면을 먹읍시다.

　　2) 라면을 먹을까요?

　　3) 라면을 먹지 않겠습니까?

정답

1. 1) 写真をとりましょう。 2) 写真をとりましょうか。 3) 写真をとりませんか。
2. 1) 日本語で話しましょう。 2) 日本語で話しましょうか。 3) 日本語で話しませんか。
3. 1) ホテルで食事をしましょう。 2) ホテルで食事をしましょうか。
　　3) ホテルで食事をしませんか。
4. 1) 土曜日に会いましょう。 2) 土曜日に会いましょうか。 3) 土曜日に会いませんか。
5. 1) ラーメンを食べましょう。 2) ラーメンを食べましょうか。 3) ラーメンを食べませんか。

〉〉〉〉 정리하기

문형 익히기

1) 동사 ます형+ませんか。 ~하지 않겠습니까? ~하지 않을래요? (권유)

   1 A：うちに来ませんか。 집에 오지 않을래요?
      B：いいですよ。 좋아요.
   2 A：映画でも見に行きませんか。 영화라도 보러 가지 않을래요?
      B：いいですよ。 좋아요.
   3 A：ゲームをしませんか。 게임을 하지 않을래요?
      B：いいですよ。 좋아요.

   [단어] うち 집　　　　　　　　　　ゲーム 게임

퀴즈 정답

➡ 明日いっしょに夕食を食べに行きませんか。

Clip 03

>>>> 들어가기

학습목표 1. 「～にする」를 사용하여 무엇을 주문할 것인지 말해 봅시다.
2. 「よく/ときどき/ぜんぜん」를 사용하여 말해 봅시다.

퀴즈 '무엇으로 하겠습니까?'는 뭐라고 할까요?

>>>> 학습하기

회화에 나오는 단어

- 何(なに)にしますか　　　　　　　　　　무엇으로 하겠습니까?
- ピザセット(ぴざせっと)　　　　　　　　피자 세트
- ミートソースパスタ(みーとそーすぱすた)　미트 스파게티
- 飲(の)み物(もの)　　　　　　　　　　音료
- ウーロン茶(うーろんちゃ)　　　　　　　우롱차
- ワイン(わいん)　　　　　　　　　　　와인

제12과 帰りましょう 277

- ☐ お酒 (さけ)   술
- ☐ よく   자주
- ☐ ときどき   가끔
- ☐ ぜんぜん   전혀
- ☐ 飲む (の)   〔1〕마시다
- ☐ 飲みません (の)   마시지 않습니다

회화문

イ 何にしますか。
이 무엇으로 하겠습니까?

さとう 私は、ピザセットにします。
사토 저는 피자세트로 하겠습니다.

イ 私は、ミートソースパスタにします。
이 저는 미트 스파게티로 하겠습니다.

さとう 飲み物は何にしますか。
사토 음료는 무엇으로 하겠습니까?

イ そうですね。ウーロン茶にします。さとうさんは、何にしますか。
이 글쎄요. 우롱차로 하겠습니다. 사토씨는 무엇으로 하겠습니까?

さとう 私はワインにします。
사토 저는 와인으로 하겠습니다.

イ さとうさんは、よくお酒を飲みますか。
이 사토씨는 자주 술을 마십니까?

さとう ときどき飲みます。イさんは、よくお酒を飲みますか。
사토 가끔 마십니다. 이씨는 자주 술을 마십니까?

イ 私は、お酒をぜんぜん飲みません。
이 저는 술을 전혀 마시지 않습니다.

문형 학습하기

~にします ~로 하겠습니다

「~にします」는 '~로 하겠습니다.'라는 뜻으로, 몇 가지 선택 사항 중에서 어떤 한 가지를 선택하여 결정할 때 사용한다.

명사＋にします

- 예 これにします。 이걸로 하겠습니다.
- 예 このくつにします。 이 신발로 하겠습니다.

단어 くつ 신발

- 예 A：何(なに)にしますか。 무엇으로 하겠습니까?
  B：コーヒーにします。 커피로 하겠습니다.
- 예 A：どれにしますか。 어느 것으로 하겠습니까?
  B：このケーキにします。 이 케이크로 하겠습니다.

동사 ます형＋ません 않습니다

- 예 今日(きょう)は学校(がっこう)に行(い)きません。 오늘은 학교에 가지 않습니다.
- 예 朝(あさ)ごはんは、いつも食(た)べません。 아침밥은 항상 먹지 않습니다.
- 예 明日(あした)の会議(かいぎ)は参加(さんか)しません。 내일의 회의는 참가하지 않습니다.
- 예 田中(たなか)さんが来(き)ません。 다나카씨가 오지 않습니다.

よく / ときどき / ぜんぜん

빈도(頻度)의 비율을 표현하는 부사(副詞)

高(고)
↓

よく : 자주, 빈번히
ときどき : 가끔, 때때로
たまに : 드물게, 아주 가끔
あまり : 그다지
ぜんぜん : 전혀

低(저)

예 よくコーヒーを飲みます。 자주 커피를 마십니다.
ときどきコーヒーを飲みます。 가끔 커피를 마십니다.
たまにコーヒーを飲みます。 아주 가끔 커피를 마십니다.
あまりコーヒーを飲みません。 그다지 커피를 마시지 않습니다.
ぜんぜんコーヒーを飲みません。 전혀 커피를 마시지 않습니다.

にほんごのポイント 「よく」는 여러 의미를 가진다.

① 자주, 빈번히 (= しょっちゅう、頻繁に)

예 そのお店によく行きます。 그 가게는 자주 갑니다.

② 충분히 (= 十分に)

예 歯をよくみがく。 이를 충분히 닦습니다.

③ 잘, 능히 (= 上手く)

예 よくできました。 잘했습니다.

제12과 帰りましょう 281

정리하기

문형 익히기

1) ○○○にします。 ~로 하겠습니다.

   1 A : どれに しますか。 어느 것으로 하겠습니까?
     B : この かばんに します。 이 가방으로 하겠습니다.
   2 A : どの ぼうしに しますか。 어느 모자로 하겠습니까?
     B : この くろいのに します。 이 검정색 것으로 하겠습니다.
   3 A : なにに しますか。 무엇으로 하시겠어요?
     B : キウイ ジュースに します。 키위 주스로 할게요.

   단어　ぼうし　모자　　　　　　キウイ　키위
   　　　　ジュース　주스

2) 동사 ます형＋ません。

   1 まだ帰りません。 아직 돌아오지 않습니다.
   2 新聞は読みません。 신문은 읽지 않습니다.
   3 牛乳は飲みません。 우유는 마시지 않습니다.

   단어　まだ　아직　　　　　　新聞　신문
   　　　　牛乳　우유

3) よく/ときどき/ぜんぜん

   1 よく映画を見にいきます。 자주 영화를 보러 갑니다.
   2 ときどき親に電話をします。 가끔 부모님께 전화를 합니다.
   3 雨がぜんぜん降りません。 비는 전혀 내리지 않습니다.

   단어　親　부모님　　　　　　電話　전화

雨 비　　　　　　　　　降る 〔1〕(비/눈) 내리다

퀴즈 정답

➡ 何にしますか。

말해 봅시다

1 そろそろ帰りましょうか。 슬슬 돌아가 볼까요?
2 何時に会いましょうか。 몇 시에 만날까요?
3 私は、お酒をぜんぜん飲みません。 저는 술을 전혀 마시지 않습니다.

제13과

手伝ってください

도와주세요

Clip

>>>> 들어가기

학습목표
1. 「～て～しました。」(～해서/하고 ～했습니다.)처럼 문장을 연결해 봅시다.
2. 동사 て형을 배웁시다.

퀴즈 '도서관에 가서 공부를 했습니다.'는 뭐라고 할까요?

>>>> 학습하기

회화에 나오는 단어

☐ デパート　　　　　　　　　　　　백화점

☐ 行く　　　　　　　　　　　　　〔1〕가다

☐ 行って　　　　　　　　　　　　가서

☐ かばん　　　　　　　　　　　　가방

☐ 買う　　　　　　　　　　　　　〔1〕사다

☐ 買って　　　　　　　　　　　　사고

제13과 **手伝ってください** 287

- ☐ 食事(しょくじ)   식사
- ☐ する   〔3〕하다
- ☐ して   하고
- ☐ 図書館(としょかん)   도서관
- ☐ それから   그리고
- ☐ 買(か)い物(もの)   쇼핑

회화문

さとう 昨日は、何をしましたか。
사토 　어제는 무엇을 했습니까?

イ 昨日は、デパートに行って、かばんを買って、食事をして帰りました。
이 　어제는 백화점에 가서 가방을 사고 식사를 하고 돌아왔습니다.

さとうさんは、昨日、何をしましたか。
사토 씨는 어제 무엇을 했습니까?

さとう 昨日は、図書館に行って、勉強をしました。
사토 　어제는 도서관에 가서 공부를 했습니다.

それから買い物をして、家に帰りました。
그리고 쇼핑을 하고 집에 돌아왔습니다.

문형 학습하기

□ ~て~

문장을 연결한다.

> **예** デパートに行って、かばんを買って、食事をして帰りました。
> 백화점에 가서 가방을 사고 식사를 하고 돌아왔습니다.

〔い형용사〕 小さくて、かわいいです。 작고 귀엽습니다.

〔な형용사〕 かんたんで、べんりです。 간단하고 편리합니다.

〔동사〕 朝起きて、歯をみがきます。 아침에 일어나서 이를 닦습니다.

□ 동사 て형 만드는 법

★ 1그룹 동사

① 어미가 「く」인 동사
- 「く」를 「い」로 바꾸고 「て」를 붙인다.

  > **예** 書く 쓰다 → 書い + て → 書いて

- 「ぐ」는 「い」로 바꾸고 「で」를 붙인다.

  > **예** 急ぐ 서두르다 → 急い + で → 急いで

- 예외! 「行く」는 ×行いて 가 아닌 「行って」 가 된다.

  行く 가다 → ○ 行って （× 行いて）

② 어미가 「む」「ぶ」「ぬ」인 동사
- 어미 「む」「ぶ」「ぬ」를 「ん」으로 바꾸고 「で」를 붙인다.

- 예 休む 쉬다 → 休ん + で → 休んで
- 예 遊ぶ 놀다 → 遊ん + で → 遊んで
- 예 死ぬ 죽다 → 死ん + で → 死んで

③ 어미가 「う」「つ」「る」인 동사
- 어미 「う」「つ」「る」를 「っ」으로 바꾸고 「て」를 붙인다.

  - 예 買う 사다 → 買っ + て → 買って
  - 예 待つ 기다리다 → 待っ + て → 待って
  - 예 帰る 돌아가다 → 帰っ + て → 帰って

④ 어미가 「す」인 동사
- 어미 「す」를 「し」로 바꾸고 「て」를 붙인다.

  - 예 話す 이야기하다 → 話し + て → 話して

★ 2그룹 동사
어미의 「る」를 떼고 「て」를 붙인다.

- 예 食べる → 食べる + て → 食べて
- 예 見る → 見る + て → 見て
- 예 教える → 教える + て → 教えて

★ 3그룹 동사
① する → して

- 예 勉強する → 勉強して
- 예 あいさつする → あいさつして

② 来(く)る → 来(き)て
「来る 오다」는 같은 한자(来)임에도 발음이 바뀐다.

第13과 手伝ってください

〔연습 1〕

동사て형으로 바꾸세요.

飲む 마시다 →

聞く 듣다 →

書く 쓰다 →

読む 읽다 →

会う 만나다 →

貸す 빌려주다 →

정답 : 飲んで, 聞いて, 書いて, 読んで, 会って, 貸して

〔연습 2〕

① おふろに入る → 12時に寝ました   목욕탕에 들어가다(목욕을 하다) → 12시에 잤습니다.

　おふろに(　　　)12時に寝ました。
　목욕탕에 들어가고(목욕을 하고) 12시에 잤습니다.

② テレビを見る → 夕食を食べました   TV를 본다 → 저녁 밥을 먹었습니다.

　テレビを(　　　)夕食を食べました。
　TV를 보고 저녁 밥을 먹었습니다.

③ 6時に起きる→コーヒーを飲む → 会社に行きました

　6시에 일어나다 → 커피를 마신다 → 회사에 갔습니다.

　6時に(　　　)コーヒーを(　　　)会社に行きました。
　6시에 일어나서 커피를 마시고 회사에 갔습니다.

단어　おふろに入る　목욕탕에 들어가다(목욕을 하다)

テレビを見る　TV를 보다

정답：① 入って　② 見て　③ 起きて、飲んで

〉〉〉〉 정리하기

문형 익히기

1) ～て～

   1 夕食を食べて、お風呂に入って、12時に寝ました。
   저녁 밥을 먹고 목욕을 하고 12시에 잤습니다.

   2 学校に行って、勉強しました。 학교에 가서 공부했습니다.

   3 買い物をして、帰りました。 쇼핑을 하고 돌아갔습니다.

퀴즈 정답

➡ 図書館に行って、勉強をしました。

Clip 02

>>>> 들어가기

학습목표 일본어로 '～해 주세요'라는 표현을 사용해 봅시다.

퀴즈 '잠깐 도와 주세요.'는 뭐라고 할까요?

>>>> 학습하기

회화에 나오는 단어

- ちょっと — 잠깐
- ください — 주세요
- 手伝う(てつだう) — 〔1〕도와주다
- おさら — 접시
- 取る(とる) — 〔1〕집다
- それから — 그리고
- さとう — 설탕

제13과 **手伝ってください** 295

☐ 入(い)れる	〔2〕넣다
☐ どれくらい	어느 정도
☐ スプーン	스푼
☐ 2(に)はい	두 스푼
☐ たまご	계란
☐ 2(に)こ	2개
☐ よく	잘
☐ まぜる	〔2〕섞다
☐ ～てもいいですか	～해도 됩니까?

회화문

イ	ちょっと手伝ってください。	
이	잠깐 도와주세요.	

さとう	いいですよ。	
사토	좋아요.	

イ	おさらを取ってください。	
이	접시를 집어 주세요.	

さとう	はい、これですか。	
사토	네. 이것입니까?	

イ	そうです。それから、ここにさとうを入れてください。	
이	그렇습니다. 그리고 여기에 설탕을 넣어주세요.	

さとう	さとうは、どれくらい入れますか。	
사토	설탕은 어느 정도 넣습니까?	

イ	スプーン2はい、入れてください。	
이	두 스푼 넣어주세요.	

さとう	はい、入れました。	
사토	네 넣었습니다.	

イ	そこに、たまごを2こ入れて、よくまぜてください。	
이	거기에 계란을 2개 넣어 잘 섞어 주세요.	

さとう このスプーンでまぜてもいいですか。
사토 이 스푼으로 섞어도 됩니까?

イ はい、いいですよ。
이 네. 괜찮아요.

문형 학습하기

■ 동사 て형+てください ~해 주세요

동사 て형에 'ください 주세요'를 붙이면 의뢰표현 'てください ~해 주세요.'가 된다.

- 예 ちょっと待ってください。잠깐 기다려 주세요.
- 예 早く来てください。빨리 와 주세요.
- 예 ここに名前を書いてください。여기에 이름을 써 주세요.

단어 早く 빨리   名前 이름

* 친한 사이에서는 'ください 주세요'를 생략하여 '~て ~해 줘'라고 한다.

- 예 ちょっと待って。좀 기다려 줘
- 예 早く来て。빨리 와줘
- 예 ここに名前を書いて。여기에 이름을 써줘

■ ~て~てください ~고 ~주세요

- 예 たまごを2こ入れて、よくまぜてください。계란을 2개 넣고 잘 섞어 주세요.
- 예 お金を入れて、ボタンをおしてください。돈을 넣고 버튼을 눌러 주세요.
- 예 住所をかくにんして、サインをしてください。주소를 확인하고 서명을 해 주세요.

〔연습〕 てください로 바꾸세요.

飲む 마시다   →

聞く 듣다   →

書く 쓰다   →

読む 읽다 →

会う 만나다 →

貸す 빌려주다 →

정답 : 飲んでください, 聞いてください, 書いてください, 読んでください, 会ってください, 貸してください

■ 동사 て형 + てもいいですか。(허가) ~해도 됩니까?

예 入ってもいいですか。 들어가도 됩니까?

예 切ってもいいですか。 잘라도 됩니까?

예 かさを借りてもいいですか。 우산을 빌려도 됩니까?

예 A : ここに座ってもいいですか。 여기에 앉아도 됩니까?
B : いいですよ。どうぞ。 괜찮아요. 앉으세요.

예 A : 今、電話をしていもいいですか。 지금 전화를 해도 됩니까?
B : いいですよ。 괜찮습니다.

단어
入る 들어가다   切る 자르다
かさ 우산   借りる 빌리다
座る 앉다   電話 전화

>>>> 정리하기

문형 익히기

1) 동사 て형 + てください。 ~해 주세요.

  1 電話番号を教えてください。 전화번호를 알려주세요.

  2 ペンを貸してください。 펜을 빌려 주세요.

  3 明日、学校に来てください。 내일 학교에 와 주세요.

  단어 電話番号 전화번호　　ペン 펜

2) 동사 て형 + てもいいですか。 ~해도 됩니까?

  1 これを使ってもいいですか。 이것을 사용해도 됩니까?

  2 まどを開けてもいいですか。 창문을 열어도 됩니까?

  3 ここに座ってもいいですか。 여기에 앉아도 됩니까?

퀴즈 정답

➡ ちょっと手伝ってください。

Clip 03

〉〉〉〉 들어가기

학습목표 「〜ている」를 사용 해 말해 봅시다.

퀴즈 '기무라 씨를 알고 있습니까?'는 뭐라고 할까요?

〉〉〉〉 학습하기

회화에 나오는 단어

□ 木村さん	기무라 씨
□ 知る	〔1〕알다
□ 知っています	압니다
□ 知りません	모릅니다
□ 去年	작년
□ 東京	도쿄

☐ <ruby>会<rt>あ</rt></ruby>う	〔1〕만나다
☐ <ruby>会<rt>あ</rt></ruby>いました	만났습니다
☐ <ruby>田中<rt>たなか</rt></ruby>さん	다나카씨
☐ <ruby>山田<rt>やまだ</rt></ruby>さん	야마다씨
☐ えっと	어…
☐ <ruby>大阪<rt>おおさか</rt></ruby>	오사카
☐ <ruby>住<rt>す</rt></ruby>む	〔1〕살다
☐ ～に<ruby>住<rt>す</rt></ruby>んでいる	～에 살고 있다
☐ そうです	그렇습니다
☐ <ruby>電話番号<rt>でんわばんごう</rt></ruby>	전화번호

회화문

さとう 木村さんを知っていますか。
사토 기무라 씨를 압니까?

イ はい、知っています。去年、東京で会いました。
이 네. 압니다. 작년, 도쿄에서 만났습니다.

さとう そうですか。田中さんは知っていますか。
사토 그렇습니까. 다나카 씨는 압니까?

イ いいえ、知りません。
이 아니요. 모릅니다.

さとう じゃあ、山田さんは知っていますか。
사토 그런 야마다 씨는 입니까?

イ えっと、大阪に住んでいる山田さんですか。
이 어… 오사카에 살고 있는 야마다 씨 입니까?

さとう はい、そうです。
사토 네. 맞습니다.

イ はい、知っています。
이 네. 압니다.

さとう	そうですか。山田さんの電話番号を知っていますか。
사토	그렇습니까. 야마다 씨의 전화번호를 압니까?

イ	知っていますよ。
이	압니다.

문형 학습하기

■ 동사 て형 + ています(진행) ~하고 있습니다

'~ています'는 '~ている ~하고 있다. ~어 있다.'의 정중형이다.

- 예) 今、ごはんを食べている。 지금 밥을 먹고있습니다.
- 예) 今、ごはんを食べています。 지금 밥을 먹고 있습니다.

진행, 습관, 직업을 나타낸다.

- 예) 今、家でしゅくだいをしています。(진행) 지금 집에서 숙제를 하고 있습니다.
- 예) 毎朝、やさいを食べています。(습관) 매일 아침 야채를 먹고 있습니다.
- 예) 日本語のきょうしをしています。(직업) 일본어의 교사를 하고 있습니다.

단어)
今 지금 しゅくだい 숙제
毎朝 매일 아침 やさい 야채
きょうし 교사

■ 동사 て형 + ています (결과상태) ~어 있다

결과 상태의 지속을 나타낸다.

- 예) ドアが開いています。 문이 열려있습니다.
- 예) いすにすわっています。 의자에 앉아있습니다.
- 예) 昨日から東京に来ています。 어제부터 도쿄에 와 있습니다.

단어)
ドア 문 開く 열리다 ⇔ 閉まる 닫히다
座る 앉다

にほんごのポイント 반드시 '〜ている'형태로 쓰이는 표현

다음은 반드시 '〜ている'형태로 쓴다.

1) 知っている

   예 ○ 木村さんを知っています。 기무라 씨를 압니다.
   × 木村さんを知ります。

   예 ○ 知りません。 모릅니다
   × 知っていません。

2) けっこんしている

   예 ○ けっこんしています。 결혼했습니다.
   × けっこんしました。

   예 ○ けっこんしていません。 결혼하지 않았습니다
   × けっこんしません。

3) 住んでいる

   예 ○ ソウルに住んでいます。 서울에 삽니다.
   × ソウルに住みます。

   예 ○ ソウルに住んでいません。 서울에 살고 있지 않습니다.
   × ソウルに住みません。

   단어 けっこんする 결혼하다　　　〜に住む 〜에 살다

〉〉〉〉 정리하기

문형 익히기

1) 동사 て형+ています(진행)　~하고 있습니다

　　① 今、家のそうじをしています。지금 집의 청소를 하고 있습니다.
　　② 今、友達と遊んでいます。지금 친구와 놀고 있습니다.
　　③ 今、買い物をしています。지금 쇼핑을 하고 있습니다.

2) 동사 て형+ています　(결과상태)~어 있다.

　　① 友達がうちに遊びに来ています。친구가 집에 놀러 와 있습니다.
　　② お店が閉まっています。가게가 닫혀 있습니다.
　　③ 田中さんを知っていますか。다나카 씨를 압니까?

　　[단어]　遊びに来る　놀러 오다

퀴즈 정답

→ 木村さんを知っていますか。

말해 봅시다

1 買い物をして、家に帰りました。쇼핑을 하고 집에 돌아왔습니다.
2 おさらを取ってください。접시를 집어 주세요.
3 山田さんの電話番号を知っていますか。야마다씨의 전화번호를 압니까?

제14과

おさらいしよう(2)

복습 2

01 Clip

>>>> 들어가기

학습목표 영화 대사를 듣고, 자연스러운 일본어 회화를 익혀 봅시다.

>>>> 학습하기

등장인물

さちえ　사치에

みどり　미도리

まさこ　마사코

トンミ・ヒルトネン　토미

제14과 おさらいしよう(2)

| **대사** | 영화 'かもめ食堂(카모메 식당)' |

장면 1 36:00 – 37:55

さちえ じゃ、食べてみましょうか。
사치에 그럼 먹어볼까요?

みどり はい。
미도리 네.

さちえ えー、じゃ、トナカイから。
사치에 그럼 순록부터.

（시식 장면）

これは、ちょっと。
이거는 좀…

장면 2 38:32 – 40:40

さちえ まず、力をぬいて、体の中心を感じながら呼吸をして。
사치에 먼저, 힘을 빼고 몸의 중심을 느끼면서 호흡을 하고

おへそのちょっと下あたり。分かります？
배꼽의 약간 아랫부분. 알겠어요?

みどり 難しいですね。
미도리 어렵네요.

さちえ 自然の流れと自分の気を同調させて合わせるから合気道って言うんですよ。
사치에 자연의 흐름과 자신의 마음을 동조시켜 맞추기 때문에 아이키도(합기도)라고 말합니다.

大切なのは体の真ん中。
중요한 것은 몸의 정중앙

真ん中。
정중앙

真ん中です。
정중앙입니다.

はい、右。
네. 오른쪽.

左。
왼쪽.

右。
오른쪽.

みどりさん、明日シナモンロール作ってみましょうか。
미도리씨, 내일 시나몬롤 만들어 볼까요?

장면 3 54:37 - 55:06

さちえ 食べる？
사치에   먹을래?

トンミ：はい。
토미   네.

さちえ はい、どうぞ。
사치에   자. 여기.

トンミ：ありがとう。
토미   고맙습니다.

장면 4 59:00 - 59:22

まさこ お水。
마사코   물

第14과 おさらいしよう(2) 313

トンミ	私(わたし)は帰(かえ)ります。	
토미	저는 가볼게요.	
さちえ	あ、どうもありがとう。	
사치에	아, 고마워.	

장면 5 1:31:22 – 1:32:04

まさこ	もう少(すこ)しかもめ食堂(しょくどう)でお手伝(てつだ)いしてもいいですか。	
마사코	조금 더 카모메식당에서 도와드려도 될까요?	
さちえ	もちろんです。	
사치에	물론입니다.	
まさこ	よろしくおねがいします	
마사코	잘 부탁드립니다.	
さちえ	こちらこそ	
사치에	저야말로요	
みどり	よろしくおねがいします。	
미도리	잘 부탁드립니다.	
まさこ	よろしくおねがいします。	
마사코	잘 부탁드립니다.	

Clip 02

>>>> **들어가기**

학습목표　9~13과 복습합시다.

>>>> **복습하기**

■ 제9과

한국어 문장을 일본어로 말해 보세요.

1　A : 이 근처에 편의점은 있습니까?
　　　この近(ちか)くにコンビニ(こんびに)は、ありますか。
　　B : 네. 있습니다. 역 안에 있습니다.
　　　はい、ありますよ。駅(えき)の中(なか)にあります。

2　A : 지금 어디입니까?
　　　今(いま)どこですか。
　　B : 도서관입니다.
　　　図書館(としょかん)です。

A : 도서관에 몇 시까지 있습니까?
図書館に何時までいますか。

B : 4시까지 있습니다.
4時までいます。

3　A : 지금, 집에 누군가 있습니까?
今、家に誰かいますか。

B : 아무도 없습니다.
誰もいません。

제10과

1　① 学校　　　に/へ　　行きます。　　　학교에/로 갑니다.
　　② 家　　　　に　　　帰ります。　　　집에 돌아갑니다.
　　③ ご飯　　　を　　　食べます。　　　밥을 먹습니다.
　　④ ジュース　を　　　飲みます。　　　주스를 마십니다.
　　⑤ テレビ　　を　　　見ます。　　　　TV를 봅니다.
　　⑥ 音楽　　　を　　　聞きます。　　　음악을 듣습니다.
　　⑦ 手紙　　　を　　　書きます。　　　편지를 씁니다.
　　⑧ 本　　　　を　　　読みます。　　　책을 읽습니다.
　　⑨ パン　　　を　　　買います。　　　빵을 삽니다.
　　⑩ 勉強　　　を　　　します。　　　　공부를 합니다.
　　⑪ バス　　　に　　　乗ります。　　　버스를 탑니다.
　　⑫ 友達　　　に/と　　会います。　　　친구를/와 만납니다.
　　⑬ 先生　　　と　　　話します。　　　선생님과 이야기합니다.
　　⑭ 7時　　　に　　　起きます。　　　7시에 일어납니다.
　　⑮ 10時　　　に　　　寝ます。　　　　10시에 잡니다.

2 ( ) 안에 있는 동사를 ます형으로 바꿔 봅시다.

私の一日 나의 하루

7時に(起きる)。 7시에 일어난다.　　　　　　　　정답：起きます

8時に朝ごはんを(食べる)。 8시에 아침밥을 먹는다.　　정답：食べます

9時に(出勤する)。 9시에 출근을 한다.　　　　　　정답：出勤します

12時に昼ごはんを(食べる)。 12시에 점심밥을 먹는다.　정답：食べます

3時にコーヒーを(飲む)。 3시에 커피를 마신다.　　　　정답：飲みます

6時に運動を(する)。 6시에 운동을 한다.　　　　　　정답：します

7時に買い物を(する)。 7시에 쇼핑을 한다.　　　　　　정답：します

8時に晩ごはんを(食べる)。 8시에 저녁밥을 먹는다.　　정답：食べます

9時にテレビを(見る)。 9시에 TV를 본다.　　　　　　정답：見ます

10時にお風呂に(入る)。 10시에 목욕을 한다.　　　　정답：入ります

11時に本を(読む)。 11시에 책을 읽는다.　　　　　　정답：読みます

12時に(寝る)。 12시에 잔다.　　　　　　　　　　정답：寝ます

3 한국어 문장을 일본어로 말해 보세요.

A：다나카씨의 취미는 무엇입니까?
　田中さんのしゅみは、何ですか。

B：저의 취미는 드라마를 보는 것입니다.
　私のしゅみは、ドラマを見ることです。
　일본 드라마를 보는 것을 좋아합니다.
　日本のドラマを見ることが好きです。

제14과 おさらいしよう(2) 317

■ 제11과

1 (　) 안에 있는 동사를 과거형으로 바꿔 봅시다.

旅行の準備　여행 준비

A：旅行の準備をしましたか。여행 준비를 했습니까?
B：はい、しました。네. 했습니다.

A：飛行機のチケットを(取る)。비행기의 티켓을 구했습니까?
B：はい、(取る)。네. 구했습니다.
정답：A 取りましたか　B 取りました

A：ホテルを(予約する)。호텔을 예약했습니까?
B：はい、(予約する)。네. 예약했습니다.
정답：A 予約しましたか　B 予約しました

A：観光地を(調べる)。관광지를 조사했습니까?
B：はい、(調べる)。네. 조사했습니다.
정답：A 調べましたか　B 調べました

2 한국어 문장을 일본어로 말해 보세요.

A：바다에서 수영했습니까?
　海で泳ぎましたか。
B：아니요. 수영하지 않았습니다.
　いいえ、泳ぎませんでした。

3 한국어 문장을 일본어로 말해 보세요.

A : 일요일은 무엇을 했습니까?
日曜日は何をしましたか。

B : 친구와 영화를 보러 갔습니다.
友達と映画を見にいきました。

4 한국어 문장을 일본어로 말해 보세요.

A : 겨울방학에 어디론가 놀러 갔습니까?
冬休みにどこか遊びにいきましたか。

B : 아무데도 가지 않았습니다. 내년은 온천여행에 가고 싶습니다.
どこにも行きませんでした。来年は温泉旅行に行きたいです。

■ 제12과

한국어 문장을 일본어로 말해 보세요.

1 A : 슬슬 가볼까요? (돌아갈까요?)
そろそろ帰りましょうか。

B : 그럽시다.
そうしましょう。

2 A : 내일 같이 가지 않을래요?
明日いっしょに行きませんか。

B : 좋아요. 몇 시에 만날까요?
いいですよ。何時に会いましょうか。

A : 3시정도는 어떻습니까?
3時ごろは、どうですか。

B : 좋아요. 3시에 역에서 만납시다.
いいですよ。3時に駅で会いましょう。

3 A : 무엇으로 하시겠습니까?
何にしますか。

B : 저는 샌드위치로 하겠습니다.
私は、サンドイッチにします。

4 빈도(頻度)의 비율을 표현하는 부사(副詞)

高(고)

よく : 자주, 빈번히
ときどき : 가끔, 때때로
たまに : 드물게, 아주 가끔
あまり : 그다지
ぜんぜん : 전혀

低(저)

제13과

한국어 문장을 일본어로 말해 보세요.

1 A : 어제는 무엇을 했습니까?
昨日は何をしましたか。

B : 친구와 만나서 쇼핑을 하고 저녁을 먹고 집에 돌아왔습니다.
友達に会って、買い物をして、夕食を食べて、家に帰りました。

2 A : 여기에 이름과 전화번호를 적어주세요.
ここに名前と電話番号を書いてください。

B : 연필로 적어도 괜찮습니까?

えんぴつで書いてもいいですか。

A : 볼펜으로 적어주세요.

ボールペンで書いてください。

3　A : 여보세요. 지금 어디세요?

もしもし、今どこですか。

B : 도쿄역입니다. 개찰구에서 기다리고 있습니다.

東京駅です。改札口で待っています。

A : 알겠습니다. 바로 가겠습니다.

分かりました。すぐに行きます。

4　A : 가게는 아직 열려 있습니까?

お店はまだ開いていますか。

B : 아니요. 닫혀있습니다.

いいえ、閉まっています。

03 Clip

>>>> 들어가기

학습목표 시험대비 연습문제를 풀어봅시다.

>>>> 연습문제

1. 음성문제

1) 음성 문제입니다. 다음 중 틀린 표현을 하나 고르시오.

2) 음성 문제입니다. 다음 중 틀린 표현을 하나 고르시오.

3) 음성 문제입니다. 이어지는 대답 중 틀린 표현을 하나 고르시오.

4) 음성 문제입니다. 이어지는 대답 중 틀린 표현을 하나 고르시오.

5) 음성 문제입니다. 이어지는 대답 중 올바른 표현을 하나 고르시오.

2. 객관식 문제

1) 다음 ( ) 안에 있는 동사를 ます형으로 올바르게 표현한 것을 하나 고르시오.

> 今日は、家に5時に(帰る)。

① 帰ます　　　　　　　　② 帰るます

③ 帰ります　　　　　　　④ 帰らます

2) '음악을 듣는 것을 좋아합니다.'를 일본어로 올바르게 표현한 것을 하나 고르시오.

① 音楽を聞くことが好きです。　　② 音楽を聞くことを好きです。

③ 音楽を聞くが好きです。　　　　④ 音楽を聞くを好きです。

3) '일요일에 친구를 만나러 갔습니다.'를 일본어로 올바르게 표현한 것을 하나 고르시오.

① 日曜日に友達に見に行きました。　② 日曜日に友達を見に行きました。

③ 日曜日に友達に会いに行きました。　④ 日曜日に友達を会うに行きました。

4) 다음 중 틀린 표현을 하나 고르시오.

① お水を飲んでもいいですか。　　② 親に話ってもいいですか。

③ 部屋に入ってもいいですか。　　④ もう帰ってもいいですか。

5) 다음 중 틀린 표현을 하나 고르시오.

① ちょっと手伝ってください。　　② ちょっとこれを見ってください。

③ ちょっとこっちに来てください。　④ ちょっとかさを貸してください。

■ 연습문제 정답 및 해설

1. 음성문제
1) （정답） ②

　　（해설） ① ねこがはこの中にいます。 고양이가 이 안에 있습니다.
　　　　　　② 部屋にだれもありません。 いません。 방에 아무도 없습니다.
　　　　　　③ 学校の近くにコンビニはありますか。 학교 근처에 편의점은 있습니까?
　　　　　　④ 家に今、妹がいます。 집에 지금 여동생이 있습니다.

2) （정답） ③

　　（해설） ① 8時に晩ごはんを食べます。 8시에 저녁밥을 먹습니다.
　　　　　　② 9時にテレビを見ます。 9시에 TV를 봅니다.
　　　　　　③ 10時にお風呂に入ます。 入ります。 10시에 목욕을 합니다.
　　　　　　④ 11時に本を読みます。 11시에 책을 읽습니다.

3) （정답） ①

　　（해설） A：今一番何がしたいですか。 지금 가장 무엇을 하고 싶습니까?
　　　　　　B：(　　　　　　　　　　　　)
　　　　　　① おいしいラーメンが食べりたいです。 食べたいです。 맛있는 라면이 먹고 싶습니다.
　　　　　　② 日本の温泉に行きたいです。 일본 온천에 가고 싶습니다.
　　　　　　③ かみを切りたいです。 머리카락을 자르고 싶습니다.
　　　　　　④ 映画を見たいです。 영화를 보고 싶습니다.

4) （정답） ③

　　（해설） A：バスで行きませんか。 버스로 가지 않겠습니까?
　　　　　　B：いいですよ。 좋아요.
　　　　　　A：田中さんは、よくバスに乗りますか。 다나카 씨는 자주 버스를 탑니까?
　　　　　　B：(　　　　　　　　　　　　)
　　　　　　① よく乗ります。 자주 탑니다.
　　　　　　② ときどき乗ります。 가끔 탑니다.
　　　　　　③ あまり乗ります。 乗りません。 그다지 타지 않습니다.
　　　　　　④ ぜんぜん乗りません。 전혀 타지 않습니다.

5) （정답） ②

　　（해설） A：田中さんの電話番号を知っていますか。 다나카 씨의 전화번호를 알고 있습니까?

B：(　　　　　　　　　　)

① はい、知ります。知っています。네. 알고 있습니다.

③ いいえ、知っていません。知りません。아니요. 모릅니다.

2. 개관식 문제

1) （정답） ③

（해설） '帰る'는 1그룹 동사.

2) （정답） ①

（해설） '~하는 것을 좋아하다' 는 '~ことが好きです'라고 한다.

3) （정답） ③

（해설） '~를/을 만나다' 는 '~を会う'가 아닌 '~に会う'라고 한다. 또한, 일본어는 '友達を見る'라고 하지 않고, '友達に会う'라고 한다.

4) （정답） ②

（해설） ② ✗ 親に話ってもいいですか。
　　　　　○ 親に話してもいいですか。（부모님에게 이야기해도 될까요?）
어미가 「す」인 동사는 「す」를 「し」로 바꾸고 「て」를 붙인다.

5) （정답） ②

（해설） ② ちょっとこれを見ってください。
　　　　　ちょっとこれを見てください。（잠깐 이것을 봐주세요.）

과 제

1. ( ) 안에 있는 동사를 문장에 맞게 표현한 것을 하나 고르시오.

   > すみません。ボールペンを(貸す)ください。

   ① 貸して
   ② 貸って
   ③ 貸いて
   ④ 貸んで

2. 다음 중 밑줄 부분이 틀린 것을 하나 고르시오.
   ① バスに乗ります。
   ② 友達に会います。
   ③ 先生と話します。
   ④ ごはんを食べります。

회화와 문형을 한번에!
초급 일본어 회화 1

초판 1쇄 인쇄　2022년 03월 04일
초판 1쇄 발행　2022년 03월 07일

저　　자　하치노 토모카
발 행 인　윤석현
발 행 처　제이앤씨
책임편집　최인노
등록번호　제7-220호

우편주소　서울시 도봉구 우이천로 353
대표전화　02) 992 / 3253
전　　송　02) 991 / 1285
전자우편　jncbook@hanmail.net

ⓒ 하치노 토모카 2022 Printed in KOREA.

ISBN 979-11-5917-194-9　13730　　　　　정가 27,000원

* 이 책의 내용을 사전 허가 없이 전재하거나 복제할 경우
　법적인 제재를 받게 됨을 알려드립니다.
** 잘못된 책은 구입하신 서점이나 본사에서 교환해 드립니다.